政协委员传记丛书

中国政协文史馆 编

省港工商先驱

周宝芬传

王志雄　徐宏　著

中国文史出版社

目　　录

周宝芬自述

　　我已 96 岁啦！年轻时，家境殷实，免受许多贫困，奈何国家遭受世界列强侵略，饱经战乱，个人难免颠沛流离，客居异乡，直面曲折艰苦。纵使如此，我仍未敢遗忘"服务社会"之校训，顺势而为。

　　幸而，中国共产党历经 28 年的奋斗，建立了中华人民共和国，自此，中国人民才真正走上了独立自主的发展道路。中华人民共和国成立以来，人民艰苦创业，民族自力更生；改革开放后，国家构建与世界接轨的社会主义经济体制，逐步走向繁荣富强，终于用 70 年光景换来了全球第二大经济体的地位，巍然屹立世界之林。在这波澜壮阔的历史发展的瞬间，我辈有机会为民族复兴、国家发展略尽涓埃之力，做出了些许贡献。

　　本书所述之往事，尘封已久。百岁老叟，已然龙眉皓发，仅凭记忆，恐有纰漏，请诸君见谅。书中提及的亲朋好友和我自己，在追求光明的奋斗过程中遭遇曲折甚至打击，却始终不忘初衷；在追求美好人生时遭遇非议甚至不幸，却始终热爱生活。因此，我相信这些与我有关联的人，无论是否健在，对于自己所选择的人生之路、所品味到的喜怒哀乐、所经历的平凡又跌宕的往事，都会认为是必然发生的并且后人无法复制的那个世纪的人独有的浪漫美好的回忆，浓也好，淡也罢，将永远留驻在一代又一代后辈的心田。

往事、生活、岁月总不尽完美，有欢笑，亦有泪水。风物长宜放眼量，回望过去，展望未来，"90 后"的我依然信心满怀，相信祖国和人民，定能以坚毅的勇气和智慧，实现中华民族伟大复兴的中国梦。

感激先父周宪钜为我留下一笔珍贵的遗产，感谢中共广州市委、市政府、市政协及各有关单位长期以来的关怀和照顾，感恩一直帮助我的所有亲戚和朋友，令我生活无忧，得以安享晚年。

此为开场。

2019 年 5 月 28 日

第一章 辛酸"华工"成就了阿爷的 杂货铺

　　开平西南，多有小山，形同蚬壳，故曰蚬冈。近代起村民大多或被迫或自愿远涉重洋谋生。周宝芬的爷爷靠为"华工"侨民"飞鸽传书"和"汇兑"，殷实了家境；他的父亲靠开发碱业，让家声远播岭南。他就是在这种环境下，含着金钥匙来到了这个艰难时世。

　　开平县隶属于江门市管辖，地处广东省的中南部、珠江三角洲西南面、五邑侨乡中部。开平毗邻港澳，潭江、苍江双江在此交汇，穿流而过，历来是华南重要商埠和货物散集地。环境优美，景色宜人，让开平被世人赞之为"孔雀开平"。

　　开平以中国著名的华侨

开平碉楼

1

之乡、建筑之乡和碉楼之乡而闻名于世。而碉楼的诞生，与开平的恶劣地理环境和社会治安密切相关。开平地势低洼，河网密布，每遇台风暴雨，常有洪涝水患；此地为新会、台山、恩平、新兴四县交界地，有"四不管"之称，社会秩序较为混乱。明末清初开始就有乡民修建碉楼，作为防涝防匪之用。

从 19 世纪中叶起，由于本地社会动荡，民不聊生，大批开平农民不得不走上到海外当苦工谋生的道路。开平前后经历了三次大规模的移民潮，去向主要是美国。第一次是 19 世纪 40 年代初，当时西方殖民者为了东南亚的开发，在中国"招收"了大量"契约劳工"到那里开采矿山、垦荒种植、修建公共设施；第二次移民潮出现在 19 世纪 40 年代末，美国西部发现金矿，随后加拿大、澳大利亚等地也发现金矿，开平人作为"赊单华工"赴美兴起高潮；第三次移民潮发生在 19 世纪 60 年代，当时美国和加拿大正在修建横贯东西的铁路，大批开平人被运往美、加做苦力。

美国连接东部与西部的铁路贯通后，白人开始抱怨华工抢走他们的工作，部分政客更为了拉选票而在国会丑化华人，把华人称为黄皮肤杏仁眼的"魔鬼"。在这种情况下，排华运动首先在加州形成声势并影响到西部各州，后来又蔓延到东部成为全国性问题。1882 年，美国国会通过有史以来第一个明文排斥单一种族移民的歧视性条文《排华法案》，该条文禁止华工入境，拒绝外籍华人取得美国国籍。去美国的"赊单华工"就此结束，在美华工生计日艰。

1910 年至 1940 年代开平碉楼建设进入了兴盛期，其为开平碉楼与村落的建设夯实经济基础。中西合璧的碉楼大量兴建是这一时期开平村落最突出的变化，林立的碉楼成为乡村壮观的文化景观。

开平碉楼为多层建筑，远远高于一般的民居，便于居高临下防御；碉楼的墙体比普通民居厚实坚固，不怕匪盗凿墙或火攻；碉楼的窗户比民居开口小，且装有铁栅和窗扇，外设铁板窗门。碉楼上部的四角，一般都建有突出悬挑的全封闭或半封闭的角堡

开平碉楼

（俗称"燕子窝"），角堡内开设了向前和向下的射击孔，可以居高临下还击进村之敌；同时，碉楼各层墙上开设有射击孔，增加了楼内居民的攻击点。当时，每户碉楼人家，一般都有 10 多条枪，用于土匪攻楼时自卫。开平碉楼的上部造型最具表现力，人们着力运用外国建筑中的穹顶、山花、柱式等建筑元素大做文章，形成了千楼千面的建筑式样。

"开平碉楼与古村落"是首个华侨文化的世界遗产项目，也

是广东独一无二的世界文化遗产。开平碉楼，按建筑材料不同可分为钢筋水泥楼、青砖楼、泥楼、石楼等；按功能不同可分为众楼、居楼、更楼等，其中居楼最多。目前，保存得比较好的有雁平楼、立园、方氏灯楼、马降龙碉楼群、锦江里瑞石楼、自力村碉楼群、日升楼与翼云楼、赤坎古镇景辉楼。它们是中国社会转型时期的历史文化产物，是世界先进建筑技术广泛引入中国乡村民间建筑的先锋，融合了中国传统乡村建筑文化与西方建筑文化的独特建筑艺术，成为中国华侨文化的纪念丰碑，体现了中国华侨与民众主动接受西方文化的历程。

在开平西南部，距市区 26 公里处，多有小山，形同蚬壳，故名蚬冈圩（今称蚬冈镇）。清末至新中国成立前，政局动荡，军阀混战，土匪横行。抗日战争爆发后，水路被封，粮价飞涨，常发生饿死人现象，百姓被迫外迁。现在的蚬冈镇古朴美丽，矗立着一座座由华侨汇款建造的神秘碉楼……秋收季节漫步在安静整洁的小镇里，享受着悠闲时光；村民在晒场上收集新收的稻谷，微笑迎着来客，碉楼或静静地穿插在寂寥的田野里，或掩映在绿树的浓荫里，散发着神秘古老的气息。如前所述，碉楼是村里远渡重洋、在国外谋生、勤劳致富的村民回乡建造的。这些恢宏、庄严、肃穆而又洋气的碉楼，如今大多只剩下沧桑的青砖外墙、残旧的院落、掉色的窗棂和匍匐的古树枯藤，它们一直在向世人诉说着这里曾经的辉煌与历史的尘埃，留给游客无尽的思忆……

1923 年 4 月的一天，周宝芬生于蚬冈这个开始败落的村圩里。来到人世间之前，他的祖辈已经在这里生活两百多年。祖父周在秀在蚬冈圩开了一间叫"惠隆"的杂货铺，布、米、盐、油……什么杂货都卖。为人老实的祖父诚信经营，深得乡亲的信任。

1860年签订的中英、中法《北京条约》允许公民自由移民，"苦力"贸易合法化。蚬冈乡亲因此纷纷签订契约，离乡背井，远渡重洋到美国、加拿大等国当苦力，当中也有部分乡亲是被苦力贩子绑架、诱骗去的。由于路途遥远，一般需要110天左右才能到达，且往往又是住在船舱底，空气差，加之晕船，一些乡亲甚至还未到达目的地就死了，途中病死的乡亲都被扔入大海，活着到达的乡亲如同奴隶，干的都是修路、挖矿、起屋、洗衣、洗碗等重体力劳动。他们起早贪黑，吃苦耐劳，勤勉实干，好不容易赚了点血汗钱就忙着寄回老家。

周在秀在蚬冈圩开固定杂货铺。最早，他帮村民传递信件、收信送信；后来，村民借他要到省港两地入货之机，委托他从省城或香港帮忙买点东西。周在秀不但每次都按时完成村民们交给的"采购任务"，而且不缺斤短两，因此深受村民信任。周宝芬后来也继承了周在秀这种为人处事的方法。

在美国、加拿大的乡亲华工千辛万苦，好不容易赚了点钱、有了积蓄，便纷纷往家里寄钱，养活亲人。手拿从美国、加拿大等国寄回来的外汇支票的村民，第一个想到的就是周在秀，与其自己省港两地走去取钱，不如让他入货时帮忙带回来，既省了路费，又省了往来的时间，关键是周在秀为人诚实可靠，交给他保证不会有问题。就这样，他在帮村民继续入货的同时，又多了一项业务：帮收到外汇的村民取钱。

周在秀带着支票先到香港汇丰银行换成银票，然后拿着银票到省城广州"十三行"兑换成"双毫"（即二角银币），之后再将换好的"双毫"带回乡下交给委托的村民。那些有亲友寄来外汇的村民，收到钱后常常又会再托他帮忙购置粮油及生活必需品，同时还会托他将家信带到香港寄给远在美国、加拿大等国打工的亲人，告知老家的境况。

蚬冈与开平各镇一样，历来多有赴外地务工之风。20世纪初至今，蚬冈镇旅外侨胞人数基本是本地居住人口的两倍。公开资料显示，1996年，蚬冈镇人口2.2万人，而海外华侨竟多达3.9万人，港澳同胞也有1.6万人。20世纪二三十年代，随着海外蚬冈、开平侨胞越来越多的人事业有成，碉楼在开平也越来越多。蚬冈镇今遗存碉楼150多座。坐落于锦江里的瑞石楼号称"碉楼之王"，为开平碉楼之最，楼高9层，建筑于20世纪初，设计完美，融合中西建筑文化于一体，极具特色。

19世纪中叶，美国加州发现金矿，包括开平等地的华南沿海一带大批华工，经香港前往旧金山掘金。随后，澳洲等地也相继发现金矿，大量华工又取道香港，前往这些"新金山"。源源不断的华人移民涌向北美、澳洲和南洋，增加了这些地区对中国货品的需求，一批专门供应海外华侨的商号应运而生。专营北美市场的称金山庄，专营南洋市场的称南洋庄，还有秘鲁庄、吕宋庄（来往今菲律宾吕宋岛）等，其中以金山庄规模最大、最具代表性。

香港的金山庄起步较晚，但发展速度惊人。金山庄从19世纪70年代的30余家，到19世纪末已增至100多家，到20世纪20年代全盛时更达到280家。加上南洋庄、秘鲁庄等，总数高达650家。以他们为代表的香港华资行商，掌握了晚清到民国早期香港贸易总额的四分之一，使香港在短短数十年内成为东方转口贸易大港。

随着越来越多的蚬冈乡亲在美国、加拿大、澳洲、南洋等地扎根，他们寄往家中的外汇支票越来越频繁，额度也越来越大，而周在秀的换汇、购货、送信等副业有了质的发展，他去香港的次数越来越密。后来他索性把升级版杂货铺开到香港，定居香港。定居后，他在专门接收美洲汇款的香港金山

周宝芬的父亲父亲周宪矩

庄租下一处办公室，挂牌专营汇兑，而蚬冈惠隆杂货铺的生意就交给大儿子管理。

1891 年，周在秀的第二个儿子、周宝芬的父亲——周宪矩，在开平蚬冈出生。周宪矩自幼聪颖，加上家境殷实，他得以在乡下私塾安心读书。周宪矩小时候还参加过乡试，是清末贡生。周在秀身体不太好，在香港行动不便，需要有人照顾，因此周宪矩跟随周在秀转到香港读书。当时香港

清末的香港皇仁书院
香港现存最古老的学校之一

多是新式学堂，周宪钜读书底子好，结果仅 12 岁就考上了香港皇仁书院。皇仁书院（Queen's College）是香港最早的官立中学，以英语为教学语言。前身是创立于 1862 年的中央书院（The Central School），孙中山曾于此上课，何香凝在此校毕业后赴日本留学。

清光绪三十二年（1906 年），两广总督岑春煊奏准开办广东河南士敏土（即水泥）厂，厂址位于河南草芳围（今广州海珠区），初名"广东河南士敏土厂"。该厂是继澳门青州英坭厂（包括香港青州英坭厂）、唐山启新洋灰公司之后的中国近代第三家士敏土厂，生产立窑水泥，也是当时中国南方产量和规模最大的士敏土厂。

广东士敏土厂建成后，先后聘请了礼和洋行的德国工程师赛仁、克里希和香港青州英坭厂的机械师李国赛做技术指导，水泥商标为"威风祥麟"牌。

香港皇仁书院毕业后，周宪钜考入了广东士敏土厂做助理工程师，协助该厂工程师德国人赛仁后来是克里希工作，由于皇仁书院是用英文教学，所以周宪钜识英文，会用英文与外国人交流。为便于工作，周宪钜还向德国工程师学德文，为他日后兴建"番枧（即肥皂）"厂打下了基础。那个时候周宪钜在广东士敏土厂的收入相当丰厚，于是全家就在当时广州的富人区西关租了一套很大的房子居住。在周在秀眼中，周宪钜是五兄弟中最懂事、最肯读书、最会存钱的一个。

1920 年，周宪钜靠当助理工程师的收入，自己在开平蚬冈老家盖了一间水泥结构的碉楼。房子建在蚬冈镇东和里（即现在蚬冈镇东和村）那时候水泥产量不高且比较贵，而周宪钜借着在整个华南地区最大的水泥厂工作的便利，加之已在省港两地居住多年，见多识广，设计建造了一栋中西合璧、别具一格的碉楼。解放后，因公社化房屋产权被归生产队集体所有。改革开放后，房屋产权又交回给周家，但由于周家兄弟姐妹都在国外，没人回来居住，更没人有时间去打理，只好找到一位亲戚帮他们打理房子，后来亲戚又把房子租给别人做仓库。现在产权不清晰，周家也不去计较这些。

周宪钜在广东士敏土厂工作期间，周在秀体弱多病，已经将香港公司的大部分业务交给周宪钜的三弟和四弟打理。1915 年，周宪钜的大儿子周宝源在西关出生；1919 年，二儿子周宝林在开平出世。这时，香港公司的业务越做越大，他三弟四弟开始显得力不从心。周在秀索性让周宪钜辞去广东士敏土厂的工作，回家帮家族料理生意，"阿钧（周宪钜乳名'周锡钧'），你也回来帮忙吧"。周宪钜很听话，二话没说，就向厂长辞职回到家里当帮手。那个年代，样样都是家长说了算，就算不想回家当帮手也不行。

周宪钜辞职回家当帮手后，被安排在广州，负责将三弟、四弟从香港汇丰银行用华侨支票兑换到的银票拿到"十三行"换成双毫，然后再运返蚬冈交给委托兑换的村民，工作性质有点像古代的镖局押镖一样。当时，由于华工已经在美国和加拿大稳住脚跟，加上出去的人越来越多，所以汇回来的银票也越来越多，数额也越来越大。双毫银圆本身面额小、重量大，50 个双毫装成一小袋才 10 元，一个大麻布袋只能装 50 个小袋共 500 元。

就这样，周宪钜每次都要背着一麻袋合 500 元的双毫，从广州搭花尾渡小火轮回开平蚬冈。这既是一个重体力活，又是一个危险活。那时正值军阀混战，土匪出没，民不聊生。一个人带这么多银圆上路非常危险，一旦被兵匪或不怀好意者知道，随时都有可能遭遇打劫，且危及生命。为避免引起人注意，后来他总是将麻袋放进箱子装好，弄成像普通货物一样。再后来，他终于想到一个办法，找到当时在广州土制肥皂的老友梁友怀，向梁买了几箱肥皂，又多要了几个空的肥皂箱。然后，把双毫与肥皂混装在一个肥皂箱，下面放一袋一袋的双毫，上面铺上层层肥皂，伪装成肥皂批发商，就比过去安全多了。

改成这样运送双毫后，周宪钜再也不像从前那样每次拿钱回乡下都提心吊胆。在安全将双毫押送回开平蚬冈老家的同时，周宪钜又把买来掩盖银圆的肥皂拿到父亲的惠隆杂货铺去卖，没想到深受四邻八乡的欢迎，居然成了当地的抢手货。无意中洞察到肥皂生意的商机后，周宪钜毫不犹豫地选择自己煮肥皂去卖。他和他父亲说，双毫他会继续送，但也想试做肥皂。他父亲同意了他的请求。

得到父亲的准许，周宪钜便开始研究做肥皂。他借助自己在香港读过书、识英文的特长，找来《大英百科全书》，从中学习制造肥皂的基本原理、主要技术和方式方法。弄懂生产肥皂的原理后，就聘请懂煮肥皂的老友梁友怀，于 1920 年在省城广州靖海路的一条横巷里建立了源昌枧厂（后面统称"源昌肥皂厂"）。

当时，中国是一个半封建半殖民地社会，民族工业十分落后，基本是手工操作生产肥皂，设备简陋，方法简单，所需的资金不多，产品质量较差，无法与洋货抗衡。周宪钜在广东土敏土厂当过工程师，对近代西方工业生产有过近十年的零距离接触，深知先进生产设备的重要性。于是，就对照《大英百科全书》的指引，参照士敏土厂当年德国人的做法，谋划设计源昌肥皂厂制肥皂的所有生产设备，然后再找人造出来。

比如煮肥皂用的大锅炉，当时没有现成的可以买。周宪钜就找到河南尾修船厂的老板，让其用铁板做了个大锅炉。后来，源昌肥皂厂的设备全部是这家修船厂的老板让人做的。那时候没有先进的工艺，没有卷板机，就用手工锤，一块铁板放在地上反复锤，锤到两边卷起，锤完后，在铁板缝合处打几个洞，插入窝钉，并将钉烧至通红，下面用铁块顶住，上面用铁锤将铁钉锤扁，冷却之后水不漏，气也不漏，锅炉就做好了。后来德国人发明了烧焊，才逐渐替代了窝钉。

为使生产出来的肥皂较为纯净，周宪钜从英国的制造商那里了解到可用盐水除杂质，于是他就让源昌完全按照英国的这个办法去除杂质。这一招很见效，既提高了所生产肥皂的品质，又节省了原材料。这样一来，只识土法煮肥皂，不懂用洋办法制肥皂的梁友怀师傅便改做推销员，专门负责销售等业务。这就是周宪钜第一条生意经秘诀：学习，实践，再学习，再实践，循环反复。

由于比一般土制肥皂质量好，又近似外国牌子的肥皂，且比外国的便宜，所以源昌肥皂厂很快声名鹊起。随着生意越做越大，大概是1922年，为扩大生产，周宪钜买下了如今广州石室教堂正对面的一德路243号，修建源昌肥皂厂新厂房。就这样源昌从横街窄巷搬到了比较繁华的正街上，并与石室教堂相对。

那个时候的人都特别迷信，而且信风水，一个好心人和周宪钜说，源昌肥皂厂正对石室教堂，教堂两个尖顶像两个箭头，杀气很重，需要想办法挡煞。周宪钜虽然在香港读过书，在洋人手下工作过，但毕竟是从封建社会过来的人，还是比较相信风水的。于是，他就将源昌肥皂厂生产的肥皂，统统都起成"双刀牌""双箭牌""锯牌"等有杀气的名。他

1919 年，在广州南城墙地基上建成的一德路

觉得肥皂牌子带金属可以用来挡煞。不知是真灵还是天助，反正这些牌子的肥皂特别是"双刀牌"都非常好卖，经常供不应求。

从当时我国最先进的工厂出来并投身实业的周宪钜不甘于现状，他总是觉得山外有山、天外有天，只有学人之长、补己之短，不断改进生产肥皂的设备与工艺。识德文的他找到在沙面（当时的广州租界）的德国开健洋行，花巨资从德国进口从生产肥皂的废料中提炼甘油的设备，在提高生产肥皂质量和产量的同时，化废为宝，增加生产产品。煮肥皂要用牛油、椰油等什么油都行，高压熬制并搅成一锅，添加香料。源昌从德国进口的压缩机，能够将煮好的肥皂压成长条，并切成一块一块。

20 世纪 30 年代，肥皂进入中国市场才十来年，西洋货、东洋货基本垄断了中国的市场。那时候，上海是全国制造和销售肥皂的中心地，出售洋肥皂的主要有英商"祥茂""日光""绍昌"等洋行。而绍昌洋肥皂代理销售的英国利华兄弟的肥皂占了华南地区的绝大部分市场，留给土制民企肥皂的市场份额极少。有感于此，周宪钜暗下决心找出原因，继续缩小差距。通过反复研究

比对，他发现洋肥皂与土肥皂最大的区别是制作工艺的不同，洋肥皂基本是机械化生产，产量高、质量稳定，生产成本低，售价也低。土肥皂为人工熬制，全凭煮制师傅个人的经验，产量低，质量更无保障，加上原材料不能充分利用，所以成本也高。

当时广州全市几十间肥皂厂基本停留在家庭作坊的层面，随随便便找些苛性钠并捞些油，熬制成块，就叫肥皂，就拿去卖。其次，是产品单一，清一色都是洗衫的肥皂。所以，广州的肥皂市场亦是以洋货为主，尤其是香肥皂，基本是英国"力士"、德国"鸡唛"香肥皂的天下。知己知彼后，周宪钜将眼光瞄准广州市场，借鉴英国、德国肥皂厂的生产工艺，又一次通过德国开健洋行加大了对德国生产设备的引进，促使源昌走多元化的生产发展之路，不仅生产洗衫的肥皂，还制造香肥皂，生产药肥皂、柠檬肥皂、肥皂片及肥皂粉。

讲起肥皂粉，现在基本用来洗衣服，而20世纪30年代则主要用来作润滑剂。香港时任中华总商会副会长、钉厂老板邓典初先生与周宪钜来往甚密。一次邓先生和他说生产铁钉、钢窗等产品，需要用到润滑剂，问他的工厂能否生产出肥皂粉，用来作拉丝用的润滑剂。他想了想，就一口应承了。很快，他就从开健洋行订了一套制造肥皂粉的先进设备，专门生产肥皂粉，卖给邓先生作为润滑剂。这个就是周宪钜的生意经秘诀之二：人家不生产的我生产，人家没有的产品我有。

英国、德国的制肥皂厂，都可以从制作过程中产生的废液里提炼出甘油，而当时国内尤其是广州几乎所有肥皂厂由于缺乏资金，不敢投资，没有配套的提炼设备，所以只能眼看着甘油随着废液流走而毫无办法。周宪钜十分明白，英国、德国制造商就是靠从废料中提炼出甘油这一产品而降低生产成本，且提高正品质量，达到大幅盈利的目的。由于源昌制造肥皂的设备就是德国生产的，所以他再一次大手笔购进德国生产的提炼甘油设备，用于提炼工厂生产肥皂废弃物中的甘油。那时候甘油是很值钱的，因为源昌能够从生产的废弃物中开发新产品，又识得生产肥皂的衍生品，故所产的品牌肥皂不但质量明显提升，且成本大幅下降，能够做到物美价廉。肥皂干净了，销路就更好了。而且他还立下一个规矩，要求主打精品"双刀牌"肥皂，一定要达到42%的含脂肪量，一定要保证质量，一定要货真价实。

同一时期，英国利华兄弟公司（联合利华的前身）也在上海投资开厂，主要生产"力士"香肥皂、"伞"牌肥皂等产品，这些产品基本垄断了长江以南地区的肥皂市场。经过周宪钜三番五次升级转型，源昌肥皂厂生产的肥皂在华南地区完胜英国利华生产的肥皂。绍昌代理的英国肥皂不如源昌生产的肥皂在华南地区好卖。因为绍昌洋行的肥皂货在上海，通过海运运到华南地区，运到广州，成本就高了，而利华生产的肥皂与源昌生产的肥皂质量没有差距，旗鼓相当，这样一来，绍昌代理的英国肥皂在华南地区就没有性价比优势。至1935年，源昌已经发展成为一间拥有一百多工人的肥皂厂，生产的肥皂名噪华南，甚至出现很多冒牌货，且能与英商绍昌洋行代销的"力士"肥皂等产品分庭抗礼。后来，由于日本发动全面侵华战争，广州、香港先后沦陷，源昌肥皂厂元气大伤，始终无法做大做强，产量有限，销售走不出华南地区。解放前夕，多年商界的老对手绍昌洋行的洋人老板从上海撤退到广州，他托人找到周宝芬的父亲，说希望参观源昌肥皂厂，了解一下当年他们在华南地区节节败给源昌的原因。周宪钜欣然答应并亲自陪他参观。参观完后，绍昌洋行洋人老板感叹地说："贵厂虽小，但五脏俱全，绍昌虽败犹荣。"

1923 年 4 月 14 日（农历二月二十九日），当周宪钜事业已有小成之时，周宝芬也在老家开平蚬冈"登台亮相"。周宝芬的母亲是一个贤惠的农村妇女，一直在蚬冈照顾他。她不识字，只会写自己的名"黄美文"，但记忆力强，人家教她什么，一听就会。比如腌咸蛋，她听人说一次，就会做了。4 斤咸蛋，配 4 斤水 1 斤盐，腌 20 天，腌出来的咸蛋又香又和味。周宝芬出世之前，他母亲已经生了两个儿子，周宪钜希望第三个可以生个女孩。所以，周宝芬还未出世，周宪钜就帮他起了个女孩名——周宝芬。结果生出来的又是一个男孩，没办法，名已经起好，不能够再改，不喜欢也要用。后来，周宝芬到香港上班时，许多朋友请他吃饭，不知是有意还是无意，都会在台卡中标注上"周宝芬女士"，其中"女士"两字特别扎眼，一度让周宝芬很生气。不过后来遭遇多了，他也坦然接受，父亲安的名无法改也不能改，周宝芬就周宝芬啦。

周宝芬出生之后，他母亲又给他添了 5 个弟妹，四妹周裕珍、五弟周宝琛、六弟周宝亮，最后两个是孪生妹妹，一个叫周宝璧，另一个叫周宝屏。

由于是早产，周妈似乎因此就不是那么喜欢周宝芬。那时早产儿在乡下出生是一件比较麻烦的事，好在周家还算富裕，有钱请得起用人服侍，如果是一般贫穷人家，就更不知道如何是好。即便如此，因为周妈在生产之前丝毫没有思想准备，致使事前许多应该准备的工作都没做好，她就在手忙脚乱中将周宝芬生出来了，搞得她十分狼狈。周宝芬回忆说："记得细个时我有一次生日，我问：'阿妈，今天我生日喔，有鸡腿吃吗？''什么鸡腿？什么生日？你的生日就是我的受难日。'把我骂到仆街（运气不好的意思）。"事实也是如此，过去乡下的女人生完仔几乎都没得休息，担水、斩柴、煮饭、洗衫，什么都做，家境好也要一样做，只是有用人帮手。

大概两三岁时（1926年左右），周宝芬就和母亲一起搬到父亲位于广州市一德路的源昌肥皂厂住，开始当省城"客家人"。那时周宪钜的工厂一楼是生产车间，二楼就是住家。家境虽然不错，但生活还是比较辛苦，周妈白天要照顾几个兄弟，还要帮手包肥皂。周宝芬印象比较深的一次是，"那时刚到厂里不久，就三四岁。有一日，我在房间的床边坐着，家中有个工人拖着木屐，手里拎着一壶烧开的水进入房间，就在他快到靠床边的茶台时，突然间因木屐带断落而摔倒，结果整整一壶滚烫的开水淋到了我的右脚，又痒又痛。幸运的是那时刚好有个从美国返开平老家探亲的归侨，途经省城暂住我家，身上又刚好有从美国带回来的熊胆粉，他马上回到房间取出熊胆粉交给我妈妈，要我妈妈即时帮我涂上。母亲小心翼翼将粉涂到我身上各处被热水烫到的地方，我那痕且胀痛的伤口片刻间似刮起一丝凉风，舒服多了。又涂了几日，奇迹出现了，不仅所有水泡没有了，而且连伤疤都没留下印迹，十分神奇。俗语有说，大难不死必有后福，我日后的人生验证了这句话。"

还有一次，那天日间，周宪钜把刚好做好的肥皂拿到周宝芬的母亲住的房间，让周母和伯娘进行包装，包装完就入箱。那时装肥皂的箱都是木箱，比较笨重。当时周宝芬8岁，他的二哥12岁，他们两个人负责搬运入好箱的肥皂。二哥工作不喜欢动脑，不讲究合作协调，总是靠个人蛮力，所以两人开头搬得还好好的，后来由于周宝芬的力气有些支撑不住，二哥又不懂得礼让，结果成箱肥皂就倒在周宝芬这边。肥皂箱上面的铁钉帽刚好压在周宝芬左手手腕处，从手腕到食指指尖全被割开，血流不止，不知道缝了几针才止住血，整个人钻心地痛，疤痕一直留到现在。就当时医疗技术而言，这两次受伤都是有可能要命的，所幸结果只让家人吓了一身冷汗，最终还是有惊无险。正是这些苦难磨炼了周宝芬的心智和毅力，使他到了96岁时身体依然硬朗。其时，周宪钜已经非常富有，本来一家人应该好好享受生活，但他并没有这样做，而是带领全家继续向新的目标奋斗。这就是周宪钜生意经秘诀之三：居安思危，知悭识俭，与时俱进。

6岁这一年，周宝芬被父亲送到家斜对面的教会学校——日新小学（今越秀区旧部前小学）读书。读到四年级，周宪钜在南武中学当校监的同学向他提议送周宝芬到南武小学读书。就这样周宝芬和二哥两人就被转到南武小学继续学业。南武小学在河南（今海珠区），与日新小学一样都是新学，那时省城不同于乡下，私塾已经过时，读新学时髦，新学不教四书五经。周宝芬的国学是日后自学的，其中的经典思想和做人的道理影响了他的一生。

南武小学以"坚忍、奉公、力学、爱国"为校训，崇尚体育运动，学生们生活艰苦朴素，学习勤奋刻苦。小孩子都是喜欢玩，周宝芬也一样，贪玩好玩，无心向学，所以整个小学阶段，成绩平平。周妈见他顽劣也拿他没办法，只好告诫说："千万不要玩到留级，留级会被你父亲送回乡下耕田，耕田比做肥皂还辛苦呀！"为了升班，周宝芬收了心，开始任务式的读书和写作业，反正升班就不用回乡下耕田。那时不像现在这么看重考试成绩，整天排位，考得好有表扬，老师还"开小灶"。以前的老师更关注调皮的同学。

日新小学不太好玩，到了南武小学后，周宝芬有了

岭南大学运动队

发挥的天地。由于南武的同学多爱好体育而且和他一样充满活力，又没有心思读书，所以特别耍得来。大家最喜欢踢足球，课间踢、放学踢、周末踢，一有时间随便找两个箱摆起龙门就踢。小时候周宝芬长得比较矮小，可踢前锋冲劲足，跑步速度快且持久性强，同学们都叫他"小霸王"。进入中学后，除足球外，其他体育运动也都学都精都喜爱。所以，读岭南大学时，周宝芬既是学校足球队的主力队员，也是学校篮球队、排球队队员，经常代表学校参加各种球类比赛。在岭南大学，他的书读得不是最好，但打球却是出名的厉害。

从周宝芬出生到读小学这个时期，周家的家族企业在周宪钜的带领下，发展步入快速道。除了维持家族原来的汇兑生意，并把源昌肥皂厂发展成为华南地区数一数二的肥皂企业外，还创办了一家规模比较大的名叫"协和"的机器厂。这家机器厂在定期保养并维修源昌肥皂厂机械设备的同时，还制造能够生产肥皂等产品的机床设备。

期间，周宪钜还因源昌肥皂厂肥皂的包装不够精美，觉得国内企业印刷技术不过关，又创办了一家印刷厂。周宝芬回忆说：

"其时肥皂尤其是香肥皂包装光鲜精美才吸引顾客,包装老土,即使产品质量过关都不太好卖。而国内印刷厂其时基本还是石印。为提高包装质量,父亲又专门从德国引进彩色自动式印刷机,办了一家档次较高的印刷厂,印出来的肥皂包装纸在当时十分时髦。"

为便于安置往来于香港、省城、开平三地负责汇兑的员工,同时也让海外回开平探亲的侨胞在广州有个中转站,以及安排乡下亲戚在广州就业,周宪钜还在省城旺地创办了多家旅馆。其中,长堤大马路有"交通旅店"(西豪酒店对面),海珠路有"安行旅店""适行旅店"。这些旅店都是自己买地自己起,全部交给乡下亲戚打理。这就是周宪钜生意经秘诀之四:因势开发,以血缘为纽带,实行集团式发展。

南武小学毕业,周宝芬进入广州培英中学读书,学校是寄宿的。从这时起,周宪钜对儿子周宝芬要求特别严格,要求满一个月才可以回家一次。周宝芬说:"当时家里对我的最高要求就是及格升班。我自小就好调皮,有时激得老妈直上火,没有办法时,她会叫我挽起裤脚给她打。父亲虽然对我严格但从不打我,这可能与父亲在香港受过教育有关,为人特别开明。我们兄弟五个中,二哥是不怎么读书的,所以二哥刚读完初中,父亲就对二哥说,你不用再读书了,回家帮手吧。结果,二哥初中毕业就没有了书读。我在广州培英中学读到初二,因为中日要开战,不得不暂时辍学。"

1937年7月7日,日本侵略者悍然发动"七七事变",抗日战争全面爆发。同年8月31日,日军派飞机轰炸黄沙。不久,轰炸的次数越来越多。那时广州虽然没有沦陷,但整天被狂轰滥炸，搞得人心惶惶，社会混乱，治安恶化，一些歹徒更是趁火打劫。源昌肥皂厂也遭人故意抢砸，不慎引起工厂火灾，厂房和机器很多被烧掉，工厂不得不就此停业。为减少损失，周宪钜带领员工把只用了两年的从德国买回来的肥皂制造设备、甘油提炼设备等，逐一拆卸，装整齐并收藏好。

随后，周宝芬带着弟弟妹妹回到开平蚬冈乡下避乱。当时周宝芬只有13岁，听到炸弹的轰炸声难免感到恐慌。回到乡下不到两个月，1938年大年初二（即1938年2月1日），周宪钜就来到乡下，带着全家人搬到香港。那时香港人口没有现在多，经济发展比广州差了不少。所以，民间一般将广州、香港、澳门称之为"省港澳"。这个"省"指的是省城广州，不是指广东省，"港"就是香港，"澳"就是澳门。

在全家搬往香港的同时，周宪钜还将源昌肥皂厂部分能够搬走的设备运到香港，打算在香港重操旧业，把源昌肥皂厂重新建起来。当时，香港有一家中华肥皂厂比较出名，是一位黄姓老板开的。他得知周宪钜想在香港重新把厂建起来，生产"双刀"等源昌品牌肥皂后，便登门拜访，希望将中华肥皂厂卖给周家。周宝芬说："他知道，如果父亲重操肥皂生意的话，中华肥皂厂肯定竞争不过，没得做。随后，父亲就正式接手中华肥皂厂，并改名为'中华肥皂厂钜记'，因为父亲叫周宪钜，所以加了个'钜'字，以示区别。"

总结周家办实业的经验，周宝芬认为，周在秀是中国传统优秀文化的传承者，胜在有人情味、接地气和胆识过人。所谓有人情味，就是为人热情，做到先人后己；所谓接地气，就是市场最需要什么，就做什么，以尽量满足需求为己任；所谓胆识过人，就是敢做一般村民不敢做的事，敢承担平常人不敢承担的责任；至于诚实可靠都是这些优点的综合体现。

周宪钜是近代广州乃至广东第一批"开眼看世界"近现代工业的先驱，集中国传统优秀文化与近代西方先进科学技术于一体，系"中学为体、西学为用"的典型代表。胜在识得两门外语，所以学习西方近代先进科学技术没有障碍；胜在有幸在首间中外合作的国有广东士敏土厂任职，零距离接触近代西方最先进的生产工具、生产方式和生产管理理念；胜在睁开眼看西方世界的同时，没有忘记自己的祖宗，没有忘记自己是个中国人，没有忘记中国传统文化。他对中国传统优秀文化坚守和弘扬，对西方先进生产方式不断借鉴吸纳，通过产品系列化使得源昌肥皂厂升级为华南地区第一肥皂厂，通过推动企业跨界发展使得源昌肥皂厂嬗变为综合企业集团。阿爷和父亲做人的理念和办实业的经验，一直滋养着周宝芬和其兄弟姐妹的成长，滋养着时下周家第二代、第三代、第四代的成长。

1938年10月，广州沦陷后，广州所有中小学校，包括岭南、培正、培英等，也陆续搬到香港继续办学。周家搬到香港后，周宝芬也来到已搬至香港的培英中学继续学业。因为是早产儿，当时周宝芬在全班所有同学中个子最矮，同学们都叫他"细佬"（广府话"小弟"），但也没人欺负他。那时，由于日本侵略者侵占了我国大部分国土，一些同学出于爱国，投笔从戎；一些同学产生悲观情绪，无心向学；还有些同学无所适从，只能混日子；更多的同学则人心惶惶，担心哪天日本侵略者打到香港。而周宝芬则继续贪玩，培英中学见此只好劝他退学。

退学后，周宝芬又考上同样已经搬到香港的岭南大学附属中学，并在此完成高中学业。其时，岭南、培英、培正等中学都开有蒙学并设英文及数理课，而且对代数、几何等理科的学习要求比较严格。可能因为长大成熟了，也可能是天赋，高中阶段周宝芬的学习成绩有了比较大的提高，数学方面能准确计算出车行驶多远时，就能看得到前面车标注的字。这在当时可是一道难倒不少人的数学题。体育运动就更不在话下。当时，在岭南附中读书，同学之间发生争论，不兴动手打架，而是进行体育较量，一般比赛跑100米，跑得快就算赢。如果不喜欢赛跑，就以投篮来决胜负，投中多的算赢。

第二章　从岭南大学走出来的
源昌"少帅"

骨子里刻着"人生自古谁无死，留取丹心照汗青"的岭南人民，无论身在何方都穷尽一切救国。革命救国，教育救国，实业救国，科技救国，捐资救国，他们以世界各国人民无法想象的各种救国方式推动了创建新中国的进程，重塑了中华民族的精神文化。

岭南大学附属中学在当时租借一位国民党军长的别墅"梁园"暂做校舍，并临时搭建一些铁皮屋充当课室。梁园位于香港新界屯门区青山公路青山湾。周宪钜就在距离岭南附中比较近的九龙买房，每天上完课周宝芬就返

岭南大学算术课

23

回工厂睡觉。就这样顺利地完成高三的学业,直接升入岭南大学就读。1941年9月,香港沦陷前,周宝芬成了岭南大学化学系一名本科生。他说:"父亲是做肥皂的,平时已经有不少暗示我上大学要选化学专业。我想反正自己记性好,物理、化学成绩都不错,既然家父有这个意愿,那就顺着他的意思读化学系。"

1941年11月6日,日本"中国派遣军"第23军奉命制订攻占香港的计划,并在该月底完成作战准备。12月7日,日本偷袭珍珠港,太平洋战争爆发。偷袭珍珠港当天,日军驻广东第23军司令官酒井隆指挥陆军从深圳进攻英属香港,另有空军轰炸启德机场的英机,夺得制空权,第二遣华舰队在海上封锁香港。9日进攻驻港英军各个据点,12日突破英守军主要防线,14日占领九龙并炮击香港,19日登陆并占领香港岛东北部。负责防守香港的有英国、加拿大、印度士兵和香港义勇军,但因英国在欧洲战场自顾不暇,驻港军队始终处于被动挨打的防守地位。经过多番激战,21日,英军最后的水源被日军切断,只能选择投降。

1941年12月25日,港督杨慕琦代表英国殖民地官员,向当时总部设于九龙半岛酒店三楼的日军投降。自此,英国彻底摒弃了对日绥靖政策,竭尽全力在远东太平洋战场上协同中美等盟国进行反法西斯战争,有力地推动了战争的胜利进程。香港陷落,也使中国大陆丧失海外援助的重要据点。

日军占领香港,使香港暂时脱离英国的殖民统治,并开始进入日治时期。日本人在香港成立军政厅,滥杀无辜;又在香港实行皇民教育,除了禁止使用英文及强迫使用日文外,香港的街道地区名称亦被改成日文。香港市民在经济、民生等方面皆受摧残,市民普遍对日军反感,更不时有平民在香港岛山头伏击日军将领。到了日军占领的中期，有香港居民参与东江纵队抗日武装组织，在新界等地开展游击战，与日本侵略者进行周旋。从1941年12月25日香港进入日治时期，到1945年8月15日昭和天皇宣布日本投降，第二次世界大战结束，英国重掌香港管理权，香港人称这段时期为"三年零八个月"。

因为日军轰炸香港，1941年12月，周宝芬在岭南大学上了三个月的课后，学校被迫停课。"那年9月，我还不到18岁就入读了岭南大学。当时岭南大学没有校舍，只能借香港大学校址上课。香港大学白天上课，我们晚上上课。在家里我是老三，大哥、二哥那时已经在工厂做事。12月，日军偷袭珍珠港，太平洋战争爆发。日本人又偷袭香港，轰炸香港。香港不安宁，我也就没法继续读书。"

香港沦陷，周宪钜意识到原来打算将源昌迁到香港图稳定发展的计划肯定落空，遂决定启动广州源昌复厂计划。由于周宝芬的大哥、二哥要留在香港看守中华肥皂厂和财产，弟妹又小，刚满18岁的周宝芬已经是家里仅剩的一个能够同父亲返广州办厂的劳动力，所以他便没有跟随岭南大学大部队到韶关继续学业。正是战争毁了他大学脱产学习并应届毕业的梦想，使他在岭南大学学习时间比普通学生长了4年多，而且还是半工半读，边读书边在厂里帮手，1949年大学毕业，1950年才正式离开岭南大学。

周宪钜在香港读过书，见过世面，悟性好。因经历过第一次世界大战，他清醒地意识到货币在战争年代的局限性，深信只有物资才能保值。周宝芬说："父亲是个唯物主义者，样样都好实际。虽然足不出户，但胜在经历多，深谙物资尤其是紧缺物资在战争时期和战后的重要性。"因此，在香港被日军飞机轰炸后，周宪钜马上动用家里全部现金，购进了100桶苛性钠（即氢氧化钠）和10000罐椰油作为储备原料，放在香港。"后来听大哥讲，其时一桶氢氧化钠是300公斤，差不多700磅，一桶就可以在香港买一间房。我们有100桶氢氧化钠，还有10000罐椰油，所以那个时候，我家在香港算是十分有钱的。"手头上有这么多物资，进可以随时复办肥皂厂，退可以换成其他物资维护全家生存。

周宪钜知道香港不能久居。香港新界无人种田，留在香港肯定没有东西吃，于是带着一家大小，重新回到广州。回到广州时，源昌肥皂厂已经全面停工好几年。史料记载，抗日战争时期，由于广州大部分民营工厂未及迁移，使之处于鼎盛时期的民营工业随着广州的沦陷而遭受严重损失，原有基础被摧毁，此后，直至广州解放都未能恢复到抗战前的水平。

周宝芬回忆说，日本鬼子侵占广州后，源昌肥皂厂遭人抢掠、放火，烧毁了部分厂房，只剩后面的大部分。工厂有个伙计因无法返回乡下，便主动留守源昌，他独自打理收拾余下大部分。这使得全家回到广州，还可以在源昌肥皂厂落脚。

得悉周宪钜从香港回到广州，源昌肥皂厂的旧伙计也从各处回到源昌，大家一起清理残垣断壁，请回过去的师傅，尝试尽快让肥皂厂恢复生产。复产只能从最原始简单的土法制碱开始，一步一步恢复肥皂厂的生产，那时产量特别低。离开之前厂里还留下好多香油罐，回来之后，周宪钜亲自设计了一个用100加仑的香油罐做的肥皂笼，另外让泥水工砌了一个水泥笼子，确保烧柴产生的火焰环绕这个笼子来烧，让木柴原材料产生的热量得到充分的利用，达到最大限度节省生产原材料的目的。

那个时候，周宪钜的身体已经不是太好，没有多少气力，但思维还是十分敏捷。他开始有意教周宝芬做肥皂，放多少氢氧化钠，放多少其他配料。周宝芬说："那个时候，教会徒弟，饿死师傅。父亲教我的时候，会将其他工人支走。可这样一来，我做肥皂的时候，就没有其他工人帮忙。在生产车间里，我每日都要先爬上两个木梯，才可以到达最高的那个平台上去配料做肥皂。那时没有搅拌机，我只能用自己的手去搅拌，十分辛苦。而我凭着'初生牛犊不怕虎'的勇气硬是坚持下来了，之后成了肥皂厂的'领头羊'和厂长。我同父亲一起研发出生产肥皂的新配方，配方全部用英文记载。我同父亲两人亲力亲为，单独开展生产肥皂新品种的试验。头一次，我用温度计测量液体需要的温度，发现温度在 100 度以上，由于从没有经历过，不觉有点后怕，后来次数多了，就自如多了，也就不觉得怕。"

当时，周宝芬作为家中在广州的唯一劳动力，只能默默担当并做好带头人，从早到晚 10 多个小时都一直在工作。就这样一年到头日做夜做，做到周末，做到年三十晚。

生产过程中，周宝芬从制肥皂第一道工序到最后一道工序，每道都亲力亲为。搬搬抬抬的粗重活也干，因学过举重，力气又大，所以他从重体力工作入手，每次一包 90 公斤的苏打粉托在肩膀就走。就这样不久，厂里制作肥皂的每一道工序、整个流程，他都全部掌握，而直接操作的工序更是烂熟于心。比如，一个锅炉工人烧炉很好，他就主动拜师请教，就这样，他从不会烧锅炉到最后也可以娴熟地烧锅炉。其实，父亲并没有要求他一定要学会肥皂制作的每道工序，而是要求他学会如何配好制作肥皂的原料，掌握制作肥皂的关键技术，但他却超额完成学习任务，这为他日后进一步办好源昌肥皂厂奠定了基础。20 岁出头的他，不知道什么叫辛苦，就知道干活与学东西，在厂里常常是见事就做，不懂就学、就钻研，因此，慢慢便从制肥皂的门外汉变为行家里手。

战火纷飞的年代，物资极度紧缺。周宪钜制作肥皂时发现，华南地区大小所有制碱厂都缺乏氢氧化钠。没有氢氧化钠，肥皂就生产不出来。于是决心独辟蹊径，抢占生产肥皂的制高点，让源昌尽快生产出氢氧化钠这一肥皂生产必需的原材料。功夫不负有心人，周宪钜和儿子周宝芬借助相关书籍终于找到了制作氢氧化钠的原理与基本方法，知道了碳酸氢钙和苏打粉（碳酸钠）经过化学反应可以产生氢氧化钠。周宪钜没读过化学，不会计算碳酸氢钙和苏打粉的用量。刚好儿子在中学时读过化学，而且成绩还算是好，就叫他计算，他轻松就计算出多少碳酸氢钙配多少苏打粉可以生产出多少氢氧化钠。就这样父子俩联手成功研制出生产氢氧化钠的方法。

不久，源昌肥皂厂便开始批量生产氢氧化钠，并卖给各个肥皂厂（作坊）。那个时候，化学常识不普及，几乎没有人会做氢氧化钠，因此，源昌靠生产氢氧化钠赚到许多钱。赚到钱，是存起来还是做投资，投资又投什么？当时，广州是日军占领的地方，市场上流通的货币主要是日本侵略者发行的军票，周宪钜心里清楚这些军票战时是钱，战后却是纸，一文不值。适逢广州沦陷前后不少市民纷纷逃难，留下许多房屋没人住，加上战火纷飞，社会动乱，房屋特别不值钱。父亲周宪钜特别关注二战战事的进展，买了台很好的收音机，每天收听美国广播掌握战争的动态。香港沦陷后，英国与苏联、美国并肩作战，周宪钜预感第二次世界大战不久就会结束。和平年代，需要发展，人们需要安居乐业。

基于这一战略考量，周宪钜决定将挣到的钱大部分用于购买房产。他买房屋迅速而果断，一般不看房而是直接看房契，如果有房契、有中间人画押就直接买。他在抗战后期买入的大量贬值房屋，不到两年抗战胜利了，就全部大幅升值，为广州光复后的源昌发展积蓄了充裕的资金。周宝芬说："我父亲那时的确是买了好多房屋，具体数字我都搞不清。但我知道他雇了 4 个工人帮忙收房租，加上过去同后来买的我们家大概有房九十几间。新中国成立后，国家对私房进行改造。我忙于源昌肥皂厂的经营发展，就将帮忙收租的事委托给市房管局。1958 年，我索性代表父亲把所有的房屋、屋契全部交给了市房管局代收租，因此受到表扬并被评为积极分子。"

1943 年下半年，中国抗日战争处于相持阶段，日军将战略重心移到太平洋，国内战事转缓。但随着美国在太平洋战争从战略防御转为战略反攻，每天收听美国广播的周宪钜预感日军在中国尤其是华南地区会做垂死挣扎。1944 年下半年，为了避免全家遭受不幸，他要周宝芬离开源昌，带弟妹到粤北、桂北等抗日后方读书。周宝芬就带一弟一妹经南海九江（今广东佛山市南海区九江镇）偷渡到鹤山沙坪（今广东江门鹤山市沙坪镇）。

1945 年 8 月 15 日，日本向同盟国无条件投降。中国人民抗日战争终于取得了胜利，这是近代以来中华民族第一次取得完全胜利的反侵略战争和民族解放战争，是 20 世纪中国和世界历史上的重大事件。1945 年 9 月 16 日上午 10 时，广东地区日军投降签字仪式在广州中山纪念堂举行，中国第二方面军司令官张发奎受降。日军代表向中国受降官鞠躬致敬后，由田中久一签署投降书。当天，广州人民为庆祝抗战胜利，纷纷走上街头游行，周宝芬和游行者一样手执各同盟国国旗周街边行边呼口号边唱歌，兴奋异常，整整走了一天。

抗战胜利，再一次让周宪钜看到了源昌肥皂厂发展的希望，他及时买入肥皂厂隔壁的房屋，使肥皂厂有了一德路239、241、243号栋楼宇。他自己设计，将三栋楼一楼的三间房屋打通，隔成4个生产肥皂的车间，每个车间的肥皂锅容量大约5吨，4个车间4个锅，总容量达20吨。此后，肥皂厂的生产全面恢复。

早在1945年8月日本刚宣布投降时，岭南大学时任校长李应林就从梅县赶返广州，协同岭南大学迁回康乐园（今为中山大学校园），恢复校务。周宪钜知道后，安排二儿子来广州，负责源昌肥皂厂肥皂生产，让周宝芬重返岭南大学读书。1941年9月，入读岭大时，适逢岭南大学"流浪"在香港大学办学。1945年10月31日，岭南大学在康乐校园正式复课。这次重返岭南大学读书，周宝芬就好似刘姥姥进大观园。因为是头一次进康乐园，所以觉得到处都新鲜，美丽整洁，恬静安逸，适合读书做学问。学校安排他入住爪哇堂，开头不知道什么意思，后来知道了，爪哇即印尼，因为该宿舍是由印尼的华侨捐钱建的，所以叫作爪哇堂，他觉得这就是岭南的校园文化。

岭南大学有一个传统，就是以毕业年份确定这个年级的"社名"，在校同学、毕业同学以"社"为单位开展活动。由于当年香港入学的学生比较多，所以1945年毕业，这个名曰"轰社"年级的学生就多。1945年入学和复学的人数也不少，所以1949年毕业名叫"厉社"的学生也多，仅周宝芬所在的"厉社"化学系就有近40个学生。当时岭南大学全校学生大概有1000人，是岭南大学创办以来学生人数最多的一年。岭南大学理工学院学生在本部上课，医学院学生在博济医院（现名为中山大学孙逸仙纪念医院）上课。

周宝芬读的是化学系，对数学要求比较高，因此，他对微积分、解释几何等有难度的学科特别用功。学校授课老师对学生是宽严有度，比较尊重学生的个性，在这种环境下，同学们基本以自学为主，老师每周安排一次小测试，检查学生的学习情况。所以，同学们都比较自觉且很认真，往往刚刚下课就马上转到图书馆自习，遇到不会不懂的问题就在图书馆查询、交流。

大学期间，由于先前已经有了在源昌肥皂厂的实践，加上想着支持肥皂厂的发展，周宝芬时常带着与制造肥皂相关的问题，到学校图书馆查阅有关专刊和化学书籍，积累了大量生产肥皂和化学方面的知识。

岭南大学当时实行的是学分制。学生毕业不按年份，只要修满 144 个学分，其中毕业论文占 6 个学分，就可以毕业。为了顺利毕业，周宝芬还根据自己的兴趣爱好，选修了生物学、花卉学、水文学、工程学等看似无关紧要的课程，没想到，后来这些课程对他的人生及工作起了非常大的指导性作用。他说："大学课程比较多，加上考试小测等，给人感觉读书还是很辛苦的。微积分是众多课程中我觉得最难学的。花卉学的学习，使我了解到氮（N）、磷（P）、钾（K）三种元素是植物必不可少的生长元素，氮长叶，磷长花（果），钾长根。植物有这三种元素才能长得根深茂盛，长出繁花硕果。学到的这些知识，日后在我当市工商联农场场长时，派上了大用场。"大学期间，广泛深入全面地读书，使他视野更为开阔，见识更加丰富，知识更为渊博。大学就是如此，是学习"学习能力"和"做人道理"的地方。有人讲过，以前的大学生，从他言谈举止就可以判断出他是哪间大学毕业的，因有校格存焉。校格的养成，有赖于校长，这一点要感谢钟荣光、李应林、陈序经三位岭南大学校长。

来到康乐园入读后，常听学长讲，由于岭南大学的校徽是红灰色的，所以岭南大学学生就自称为"红灰儿女"，将学校的校格称为"红灰精神"。首任华人校长钟荣光用自身的言行举止，生动地实践并诠释了什么叫"作育英才，服务社会"之红灰精神，鼓励教职工把"诚实第一""非以役人乃役于人""人格救国""独立创造""不自私"等精神融入教学，而且要用春风化雨的方式润入人心。所以，才会有"岭南牛"之红灰精神。那个时候，珠江三角洲乃至港澳一带都流行"真光猪，岭南牛，培英古厘头，培正马骝头"这一句话，讲的就是真光、岭南、培英、培正四所当时广东有名的私立学校，道出的是四所学校学生的本色。岭南学校的学生不但完全接受这样的社会评价，而且还以"岭南牛"自豪。什么是岭南牛？岭南牛就是有活力，有冲劲，服务社会。周宝芬认为，正是一直恪守岭南学校的这一精神，让他受益至今。

上大学期间，逢周一至周六上午，周宝芬都在学校规规矩矩地学习，周六下午同周日就回工厂帮忙干活。日常就是往来于一德路源昌肥皂厂到河南康乐园学校之间。由于从小就喜欢体育活动的缘故，重返岭南大学读书后，面对学校健全的体育设施、多样化的体育项目，周宝芬的体育兴趣更浓，浑身上下的体育细胞似乎终于有了能够充分释放的时间与空间。所以，在岭南读书期间，他几乎什么体育运动都参加，网球、足球、篮球、排球每一项都不缺席。这个时候，他已经从以前的"七星仔"变成了又高又大的帅哥，加上在工厂样样粗重活都争着做，身板硬朗，结果玩什么体育项目都是绝对主力。时至今日，年过九旬的周宝芬一谈到体育，依然兴致勃勃："我是学校足球队、篮球队和排球队的领军队员，曾经代表岭南大学参加全省运动会。学校足球队对阵其他队伍时，踢的是"5321"阵型，即1个守门员、2个后卫、3个中场、5个前锋。我处于中间位置，司职后卫。"

1946年的暑假，一位叫韦庆远的同学，提议排一部名为《女子公寓》的话剧，为广州市方便医院筹款。当时的方便医院，是广州九家慈善机构之一。清末的时候，方便医院叫"城西方便所"，1899年建立。1899年，广州瘟疫流行，病死的百姓无数，尸横遍野。城内的死者及垂危病人能够被送到越秀山麓三眼井街（今越秀区应元路附近）的城北方便所善后。而城外地区，因晚上城门关闭，死者无法送入城北方便所收殓，通常被弃置在西门外高岗（现广州市第一人民医院所在地）的茅寮、空地间。每天城西门打开后，往往会看见死者尸体横陈，其间甚至有奄奄一息的未死者呻吟待毙，状况惨不忍睹。于是，广州各界人士代表邓希琴、吴玉阶、陈显章、邓广南、陈惠普等24人就发起募捐，将募集到的款项用于在西门（今越秀区西门口）外金字湾地段（市第一人民医院附近）修建城西方便所，负责收殓路边的尸体，并把一些病倒街头而未死者给予收治。这个城西方便所后来成了广州市第一人民医院。

此时，周宝芬刚从父亲手中接过源昌肥皂厂的实际负责权，当了个名副其实的厂长。因为能够说了算，所以就决定做点善事，让肥皂厂出钱给韦同学租下广州戏院作为排练场地。恰好，另一个男同学的干妹妹李仪亦参与这一次的慈善演出。

李仪，原名李丽芳，因为有堂嫂也叫李丽芳，所以改名李仪。她是日本华侨，1925年12月30日出生在日本神户。李仪的父亲李耀勋，自幼随祖辈在日本长大，1920年前后，遵父命回国娶亲。因此，李仪的妈妈同样也是华人。李仪虽然出生在日本，而且随父母在日本长大，但由于读华语幼稚园、华语小学，所以不懂日语。1931年9月，日本帝国主义在中国东北蓄意制造并发动了一场侵华战争之后，李仪全家同众多爱国华侨一样返回中国。回国后，她阿爷李铨开利用在日本时的积蓄，在广州买了一间房住了下来，并投资做生意，李仪则利用这段时间继续小学学业。可能久居日本，不了解国情，导致李铨开轻信投资人建议，上当受骗。两年后（1934年），在广州谋生无路的李铨开不得不带领全家重新返回日本神户。回到日本，李仪父亲投资做海产品生意，家境又逐渐殷实起来。

1937年"七七事变"后，中国抗日战争全面爆发。李仪家再次举家搬离日本，迁到香港，其时周家也搬到香港。李仪因此进了当时香港十分有名的西南女子中学读书。读到初三时，香港沦陷，她父亲自小在日本长大，会说一口流利的日语，不知底细的人还以为他是一个日本人。此时，香港不少有头有面的人以及普通市民都希望李仪父亲能帮忙做点利港利民的事情，比如同日本占领者斡旋，为港人争取更多的权益；比如尽量阻止日本占领者到处惹是生非，奸掠妇女。李耀勋认为这些都是中国人应该做的分内事，全部应承，积极行动。

比如，李仪家住的香港西环，日军占领香港到处戒严，到处是日本宪兵，闹得人心惶惶，不少当地人家因为根本不敢出屋上街导致家中没米下锅，有钱人家也是如此。见此情景，她父亲主动充当"快递小哥"的角色，经常出入戒严以外的地方，为左邻右舍和周边的港人买米送米。后来，由于替人买米送米，逼不得已和日本军部的人熟络起来，其时日本军部成立了一个为日本人服务的机构，要求她爸爸担当里边一个职务，为日本人做事。李仪父亲寻思自己虽然从小就在日本长大，但毕竟是中国人中国心，为什么要帮助日本人打中国人，他说他是不会做汉奸的，于是决定尽快离开香港，免得日本军部纠缠，节外生枝。

解除戒严后，李仪父亲带领全家搬回广州原来他们的家。哪知道一来到广州才发现，眼前的广州已经不是沦陷前那个充满生机的广州，而是经济萧条，民不聊生，百姓食不果腹、衣不蔽体。更令他们全家意想不到的是，他们打算在广州居住的房屋已被战争的炮火毁坏。无奈之下，她父亲让她母亲胡纯一带着李仪和她哥哥回到乡下鹤山。回到鹤山后，他们在李仪母亲的独立支撑下，依靠耕种李仪爷爷留下的一些田产，自己养活自己。在这种生活环境中，她妈妈硬是坚持从拮据的生活费中省下一些钱，供李仪哥哥到韶关读书。生活稍有好转，她妈妈就觉得让李仪在鹤山生活不是长久之计，因此又从家里生活费用中省下一些钱，搬回广州，送李仪到广州办的省立一中（西关培英中学的前身）读高二、高三。

1944 年 7 月，李仪从省立一中高中毕业。1945 年 8 月，抗战胜利。当年 9 月，国民党政府公布《收复区中等以上学校学生甄审办法》称：原沦陷区的毕业生、肄业生和在校学生皆为"伪学生"，一律要进行甄审和训练。甄审学生一律需要再考国文、英文、三民主义等科目。因为需要甄审后才能读大学，李仪觉得麻烦，所以决定不去考大学。李仪说："那个年代，中国社会盛行重男轻女的思想，女子无才便是德大行其道，在传统观念里，女孩应该待字闺中，不宜抛头露面。我当时虽然已经成年，但潜意识里早已接受这些陈旧思想，所以自己既没有积极参加甄审，更没有主动要求继续深造。"但她爸妈始终坚持要她无论如何都要去读大学。其时，恰好广州大学招收学生不需要甄审，条件也不太严格，就这样李仪进入广州大学，攻读会计专业。

韦庆远排话剧《女子公寓》做慈善的提议，得到了学校和班里不少同学的响应。李仪的干哥哥也参加话剧排练，他见暑假在家的李仪没事做，就告诉李仪，同学们正在做一件演话剧募捐的善事，问李仪想不想参与。李仪一听是做慈善，不假思索就答应了。韦庆远安排李仪在剧中当个配角，出演一个普通女子。

周宝芬作为出资方，不用参加排练，只是偶尔有空过去看一看。当时他还不认识李仪。初见时觉得她很高傲，对这帮男生毫无兴趣，也不想理睬。排戏一个月，李仪竟然没有和男同学一起吃过饭。到了演出结束的最后一个晚上，剧团希望周宝芬做总结，他们才第一次正式认识对方。后来周宝芬就经常去找李仪，关系就慢慢发展起来。她当时星期天在西关住，有时候会去她干爹家里玩。她干爹也是日本华侨，1937年"七七事变"后，回广州置业，靠收租金生活，住在河南同福西路（今海珠区）。而周宝芬住在龙骧大街，这条街的民居基本上都是20世纪20年代初民族实业家、归国华侨出资建造的，两家距离比较近。

周宝芬和李仪干爹的儿子，即她的干哥哥是同学，故偶尔去找她干哥哥玩的时候，亦会遇到李仪。在真正和周宝芬交往之前，干哥哥就整日在她面前说周为人很好，因此李仪对周宝芬印象很好。他们"拍拖"模式亦不同寻常。恋爱期间，他们并不像其他情侣那样需要互相深入了解，她只是尊重、相信周宝芬，这么多年来一直都是如此。在李仪印象里，早已认定周宝芬是一个好人。"我们拍拖，就是逛街、聊天、看戏、一起吃饭，有时还会去沙面散步，没有现在这么丰富。"

恋爱期间，学校一放假，周宝芬就因为去找李仪而不在家，父亲见状意识到他已恋爱。1946年下半年，父亲对他说："你拍拖已经一年了，为什么还不结婚？"被父亲发现之后，他就索性带李仪回家见父母，共进晚餐。此后，周宪钜夫妻便开始为周宝芬和李仪两人筹划婚事。1947年初，大学尚未毕业，周宝芬就在家人的安排下结了婚。

周宪钜对每个儿子的婚礼都十分重视和讲究，每个儿子的婚礼都办得非常隆重。1934年，周宝芬大哥19岁在广州结婚，父亲在大新公司（今南方大厦）顶楼摆了十几桌酒席，排场阔大。1948年，二哥29岁在香港结婚，虽然时势艰难，但周宪钜还是通过关系，摆了几桌酒席。周宝芬与李仪结婚时，周宪钜在大三元摆了三十几桌，用最好的食材招呼双方亲友，还请了所有的同学，仪式相当隆重。

当时的婚礼，全部依照中国最传统的婚姻习俗礼仪来进行，三书六礼都办齐全。婚礼之前，周宪钜先让家里工人拿着订婚礼到女方家订婚，问女方母亲是否同意这门婚事。李仪妈妈同意后，就将李仪的八字交给工人带回来。然后，周宪钜再差工人将周宝芬和李仪八字算算，看是否合得来。八字结果出来后，周宪钜很欢喜，知道他俩八字特别合得来，于是就吩咐安排好他俩婚礼的一切事宜。择好吉日良辰后，由男方家先送礼金礼饼，再让女方家送嫁妆。之后，行婚礼。周宝芬和李仪自由恋爱，是新式婚姻，所以他们先行西式婚礼，新郎穿大礼服，新娘穿着美丽的婚纱；再行传统中式旧婚礼，新娘穿上广州传统刺绣有龙凤的褂裙。穿褂裙非常有讲究，要先穿白衣白裤，再穿丝的唐装衣服。这套褂裙很昂贵，后来留给了独生女儿。由于男女方都是大家出身，所以他俩行新旧两种婚礼。这在当时是比较罕见的，放到现在也不落俗。在岭南大学读书时，同班同学中唯有周宝芬结了婚，其他同学在学期间都没有结婚。周宝芬的弟弟妹妹和侄子当时都在岭南小学读书，弟弟妹妹叫他三哥，因抗战辍学 4 年，加之已婚，故在同学中显得比较老成，连老师都称呼他"三哥"。结婚后，他一边在岭南大学读书，一边帮父亲主持源昌肥皂厂的工作。

1948 年，中国人民解放军在全国范围内转入战略进攻，国民党统治区社会经济一片混乱。广州治安很不好，周宝芬父亲的一位世交，拥有西濠酒店、兰亭酒店等多家酒店的老板韦愀初先生被匪徒绑架，勒索赎金港币 30 万元。他父亲得知，害怕被人"标心"，留下二哥同周宝芬负责源昌肥皂厂生产，之后携其余家人去香港另谋发展，李仪也跟着父亲去香港。五弟宝琛在北京，没有跟着去香港，后来返回广州，留在源昌工作。就这样，广州老皂王周宪钜去了香港谋新发展，广州新皂王、25 岁大学还未毕业的周宝芬顺理成章接掌厂长大印，成为岭南地区著名的源昌肥皂厂的"少帅"。

周宝芬说:"这是有知识头脑的父亲对有知识儿子的信任。"读大学时,他边读书边帮父亲做肥皂,与父亲共同研制出苛性钠,实现了父亲第二次振兴源昌的梦。周宪钜一辈子相信知识就是力量,所以他托付周宝芬传承他的实业,实现实业救国的梦想,并将制造肥皂的核心技术全部传授给周宝芬。

第三章　广州率先实行
公私合营的带头人

"苟利国家生死以，岂因祸福避趋之。"新中国诞生，中国人从此站起来，然而国力薄弱，百业待兴，被推翻的国民党反动政权伺机破坏，美国为首的联合国军更是悍然把朝鲜战争的战火烧到我国鸭绿江畔。值此关键的历史时刻，作为一个爱国工商业者、知识分子，周宝芬做出了历史抉择。

周宪钜和家人去香港后，周宝芬一边继续在岭南大学认真读书，一边用心打理源昌肥皂厂。那时，穗港两地往来交通没有现在这么便捷，但胜在不需要通行证。因此，妻子李仪经常一有时间就从香港返回广州探看他，让这个新郎官全然没有由于妻子的离开而有失落感，相反还有一种小别胜新婚的快乐心态。

1949 年 1 月下旬，国民党政府将行政院南迁广州，宁沪一带重要工厂迁往台湾和华南等地，岭南大学因此也来了不少著名教授。就在广州即将解放之时，1949 年 7 月 23 日，国民党当局出动军警1000 多人，包围了民主进步力量较为集中的中山大学石牌校园，以"捣乱治安者杀无赦"为名，抓捕教师学生156人。中共广州地下组织积极组织营救，以广州学联的名义发表了《广州学联为抗议"七二三"事件告各界人士及全市同学书》，同时，发动广大师生通过各方面的社会关系积极进行营救，促使被捕师生10月12日全部获释。岭南大学的师生也投入广州的护厂护校斗争。

周宝芬和同学陈瑞勋驾驶中型吉普车和一辆大货车，送同学们去参加河北（今越秀、荔湾一带）广州解放游行。国民党当局临撤退时炸断了海珠桥，同学们只能去到海珠桥之后再从河南坐船过河北。同学们游行完，他们又开车接同学们回到学校。

周宝芬的大学生涯本应是1945到1949年，但在撰写关于肥皂的毕业论文时，忽然感到不仅论文的完成离不开学校实验室，源昌肥皂厂的研发也离不开学校实验室。因为岭南大学实验室的仪器全是从美国进口的，是世界上最先进的，除了岭南大学，其他地方都没有，也找不到。为提高源昌肥皂的质量，只有借助实验室的仪器。

当时我国一穷二白，缺少精密的实验仪器，周宝芬便借使用实验室写论文的便利，一方面采用拖延战术，延迟提交论文时间，以写论文需要，经常光顾实验室，做自己肥皂厂的检测；另一方面采用租借战术，以写论文要加班做实验为名，将仪器借回源昌使用，既用于写论文做实验，又用于肥皂厂产品的研发，一举两得。为此，周宝芬将大学四年级分成三个学期来读，结果，本应1949年毕业，最后拖到1950年毕业。

源昌肥皂厂的"帅印"交到周宝芬手中之后，他就经常思索要改进源昌的生产和管理。毕业时，正赶上广州恢复生产、发展经济，要大干快上。经历源昌肥皂厂这些年的生产实践，周宝芬认为源昌发展快不快，技术说了算。于是，邀请刘永基、李启滨、陈瑞勋、陈绍佳等班上几个同学到源昌工作，增强肥皂厂的技术力量，以保证肥皂质量的稳定性。

1950 年，政府为了保护民族工业的发展，禁止肥皂进口，使民族肥皂业进入了迅猛发展阶段。然而，当时广州生产肥皂的企业，大部分还是手工业性质的作坊，有动力设备的只占其中的极少数，全行业仅 17 家有机器设备，6 家有动力设备，源昌是其中一家。制造肥皂的主要原料，如椰油、松香、牛油、苏打粉等容易解决。肥皂作坊占比例过大则是个大问题，这些小而又小的作坊的产品常常为了赚取高额利润，偷工减料，粗制滥造。有的甚至掺入过量的水分和杂质，用一担油脂制成五担以上的肥皂，产品质量极其低劣，让全广州的销售一度陷入僵局。

源昌肥皂厂规模虽然不算大，但始终追求和坚守质量，有扎实的基础。1951 年 6 月，广州市工商局成立了工业产品检验所，对广州各种肥皂进行严格全面的检验，以制定高质量的产品规格。鉴于检验所的人力设备，这次仅普遍抽验肥皂中品质最劣的肥皂头规格、肥皂的含油量，要求肥皂头的水分 50% ~70%，油脂总量 12% 以上，游离碱 1.5% ~2%。优质肥皂的水分和游离碱含量较低。检验结果显示，源昌肥皂头含水分 56.4%，油脂总量 35.1%，游离碱 0.96%。抽验表明，源昌肥皂厂生产的肥皂质量全市最好。周宝芬将这次检测作为对源昌肥皂厂发展的一种鞭策，带领全厂上下高度重视抓好产品的质量，增加生产的品种，降低生产的成本。

周宝芬说："管理肥皂厂是父亲代表全家交给我的任务，是对我的充分信任，况且全厂员工有没有饭吃也看我。"想到自己身上的这副担子，周宝芬更是把全部精力放到产品的生产和质量方面。当得知父亲香港那边制作肥皂设备的闲置，他就派人将这些设备运返广州源昌用于生产；同时，组织人手维修改造老旧设备，加大肥皂生产的机械化程度，最终使肥皂厂生产恢复到抗战前父亲管理的水平。"用大锅煮肥皂，全部原材料都要人力搬抬，两个人抬 50 加仑的一桶油，合 400 多磅，这种生产情景，自此在源昌成为了历史。"在此基础上，周宝芬还进口了一批生产设备，用于扩大生产。

改善员工家庭生活水平是提高员工的劳动积极性的"密钥"。为此，周宝芬特别关心员工的薪酬待遇。那时，源昌肥皂厂员工收入不错，待遇也好。散工主要负责包装，按日计算薪水。仓库管理员月薪 80 元，普通员工 36 元，固定员工包食住，有厨房煮饭，每逢初一、十五加菜。自己隔三岔五与员工一起到外面吃饭，改善生活。

一个在战争废墟中重新支起的源昌肥皂作坊，又变成机械化的源昌肥皂厂，并在新社会中焕发新活力。后来，专门负责华南地区物资供应的中国百货公司采购广州供应站成了源昌生产产品的固定客户，这在我国计划经济时代即意味着肥皂厂捧上"铁饭碗"。

中华人民共和国成立前后，国民党反动派策划在以广州、重庆为中心的华南、西南地区和一些沿海岛屿上进行垂死挣扎，等待时机卷土重来。因此，广州解放初期，较之老解放区，经济社会环境更为复杂。很多不法分子为牟取暴利，不断向初始掌权的国家机关工作人员输送利益，甚至向这些单位派驻代言人。他们通过向国家机关工作人员行贿、偷税漏税、盗骗国家财产、偷工减料和盗窃国家经济情报。不法分子的"糖衣炮弹"严重地拉拢和腐蚀了党政机关的干部，破坏了国民经济恢复的进程，更严重的是使得刚刚建立起来的人民政权产生了"蛀虫"。

一些不法资本家为了利润，完全不把志愿军的生命放在心上，通过药品造假、食品造假、军需品造假等手段追求利润。比如，上海大康药房总经理王康年以行贿、嫖妓等方式腐蚀国家工作人员85人，对于志愿军订购的氯霉素、消发灭定粉等6种前线急需药品，一直拖延不交货。志愿军5次催货，王康年将前线不需要的冷热水袋、玻璃片，甚至已生锈的医疗器械发往前线应付，贻误志愿军伤病员的治疗。这不仅给"抗美援朝，保家卫国"运动带来了严重的破坏，而且还给国民经济的恢复造成了重大损失，败坏党和人民政府的形象。

1951年11月30日，中共中央根据同年秋季全国工农业战线开展的爱国增产运动中揭发出的大量贪污、浪费现象和官僚主义问题，向全党指出：必须严重地注意干部的贪污行为，注意发现、揭发和惩处。同年12月1日，中共中央做出《关于实行精兵简政、增产节约、反对贪污、反对浪费和反对官僚主义的决定》，要求各地严查贪污、浪费和官僚主义问题。12月8日，中共中央又发出《关于反贪污斗争必须大张旗鼓地去进行的指示》。从此，"三反"运动在全国展开。

1952年1月5日，周恩来在第一届全国政协第三十四次常委会上做了《"三反"运动与民族资产阶级》的讲话，号召全国工商界积极参加"三反"运动。期间，有些单位揭发出私人工商业者的贪污、行贿、偷税漏税等违法行为，揭发出资产阶级不法分子同国家机关中的贪污分子密切勾结、从事犯罪活动的严重情况，并先后召开坦白检举大会或公审大会，对于严重犯罪分子依法严惩。最典型的例子是依法判处大贪污犯、原中共石家庄市委副书记刘青山和原中共天津地委书记张子善死刑。

"三反"运动中发现大量的贪污盗窃行为与社会上不法资本家的行贿、偷税漏税、盗骗国家财产、偷工减料、盗窃国家经济情报的"五毒"行为密切相连，要彻底铲除"三害"，就必须反掉"五毒"。为此，1952 年 1 月 26 日，中共中央发出了《关于在城市中限期展开大规模的坚决彻底的"五反"斗争的指示》，要求向违法资本家开展一场大规模的"五反"运动。

同年 2 月，"五反"运动先在全国各大城市展开，并很快带动全国掀起高潮，各地纷纷动员揭露不法资本家的"五毒"行为。期间，各级政府还抽调国家干部、工人、店员中的积极分子组成"五反"工作队，进驻私营厂店，依靠工人，团结职员和守法的资本家，组成以工人阶级为主体的包括守法资本家在内的"五反"统一战线，对私营工商业户分类排队，划分为守法户、基本守法户、半守法半违法户、严重违法户、完全违法户 5 类进行定案处理，确定重点向不法资本家开展面对面的说理斗争。

广州开展"三反""五反"时，周宝芬刚好担任源昌肥皂厂厂长，属于帮父亲打工的"无固定薪酬职业经理人"，肥皂厂的实际管理和控制权还是在父亲。家里兄弟姐妹多，那时候，兄弟姐妹没分家，肥皂厂就是家庭财产，受父亲支配，属家族所有，家中每个成员人人有份。但是因为他们全都不在广州，肥皂厂日常大小事务自然是由周宝芬负责，所以涉及厂里的任何事，组织只会找他谈话，不会也找不到其他家人谈话。

最初，税务部门通知他去谈话，调查有没有偷税漏税等各种问题。由于生活和背景比较简单清晰，除了读书就是在家，或者在自家工厂劳动，没有在社会混过，更没有在有关政府部门和生产单位任职或工作过，所以每次谈话他都顺利过关。但时不时就有人不打招呼就约他谈话总不是个事，次数一多，周宝芬的压力就大了起来，不但谈话前要想着如何谈不会留话柄，谈话中还要揣摩对方对自己的态度，就是谈话结束时，整个脑袋也都是谈话内容。"有没有讲错什么，人家会不会相信我的东西，下次还会谈什么，搞到在一线工作时都没有回过神，心不在焉。"

周宝芬清晰地记得，有一次，谈完话后下车间煮肥皂，他还想着刚刚结束的谈话内容，根本没有注意肥皂锅的压力表。结果，肥皂锅的蒸汽压力过大，引发了肥皂炉的爆炸。幸好他平时对安全生产非常重视，进出工厂都按要求，认真穿戴好防护服。但是就算穿好工作服、鞋子和帽子，一百多度的肥皂液从头倒下来，也是非常危险，随时可能要命的。被淋后，他思路倒是变得非常清晰了，就想着尽快爬出肥皂液，站起来走出去，但肥皂很滑，只能从滚烫的肥皂液上爬出去。幸好，工人听到爆炸声马上冲进来，立即抬着他去医院。外科医生说，还好抢救及时，不然就会有生命危险。他是二度烧伤，现在身上还有很多疤痕。有好事者造谣，把这件事说成源昌肥皂厂老板自杀了。

1952 年 10 月 25 日，中共中央批准了关于结束"三反""五反"的报告，"三反""五反"运动宣告结束。这场运动严重打击了资本家和私营工商户的不法行为，抵制了资产阶级腐朽思想对革命队伍的腐蚀，清除了干部队伍中的蜕化变质分子，教育和挽救了一批干部，提高了干部和广大人民的社会主义觉悟，增强了对资产阶级腐蚀的抵抗力，并在社会上树立了廉洁朴素的社会风尚。

在"三反""五反"这件事情的处理上，周宝芬很感激叶剑英。当时叶剑英是中共中央华南分局第一书记、广东省政府主席兼任广州市委书记、市长。"五反"时，叶剑英将广州工商界人士集中到沙面（昔日广州的租界，今广州市荔湾区沙面街）。周宝芬说："刚开始是对干部实行的'三反'，后来发展到对资本家实行的'五反'。协同和机器厂的林志澄、电池厂的潘永刚等营业额比较大的工商界人士，集中到沙面的一个地方分四个组学习，同时背靠背自查，交代自己是怎么样做的。林、潘那时家大业大，是有汽车的老板，我只有辆摩托车。梁尚立是其中一个组的组长。工人们则在另外一个地方揭发资本家偷税漏税。工人和资本家不会碰面，减少了对资本家的打击，保护了我们这些工商界人士，这就叫背靠背。"

后来，政府还召集工人讨论谁养活谁的问题。接着，又组织工商界人士集中学习。学习时，年少气盛的周宝芬说："讲我们资本家剥削工人，我如果不开工，不做肥皂，就没有肥皂卖，工人就要失业。归根到底，阶级有罪，我个人无辜。"对此，有人对他提出严肃的批评："你怎么无辜？你是资本家，你剥削工人！"还好，由于那个时候自己的背景比较清白，所以政府最终把源昌肥皂厂划为"基本守法户"。但是，当时周宝芬被要求补偿四亿多元旧币给政府，算成后来发行的新币就是四万多。收到需要补偿的通知之后，周宝芬马上写信给香港的父亲，当时父亲还在世，父亲非常关心他，凑齐钱后第一时间从香港寄过来。那个时候四亿多是很多的钱，钱寄到后，周宝芬即刻交给政府。周宝芬说，他由衷地感谢父亲，他寄来的钱是及时雨。从这件事来看，周宪钜是爱国爱党的，也爱儿懂儿，如果不是去世得早，他也会带头将源昌公私合营。1952年，61岁的父亲在香港去世。受制于当时的社会大环境，组织上没有批准他赴香港吊唁他老人家，留下终生遗憾。

"三反"时工商界人士还比较积极，"五反"则较为消极。由于既是肥皂厂实际负责人，又是技术骨干，肥皂生产少不了周宝芬，所以他成为极少数与工人一起搞生产的工商界人士。经过"五反"运动，周宝芬意识到，以前认为源昌是私营厂，一人说了算，财务一支笔批，这一套已经过时。只有规范管理，建立相应制度，把经营者和生产者都管理起来，才符合新社会的要求。于是，他聘请了在学校教会计的邓健兴老师到厂任会计师，建立会计制度。同时，出厂打税，给每箱产品标贴货物税，杜绝偷税漏税现象。在忙源昌肥皂厂的生产之外，他还抽时间积极参加同业公会、工商联等组织的社会活动。1953年被选为广州市工商业联合会第一届执行委员会委员，并当上了广州市各界人民代表会议代表。

新中国成立的头几年，源昌肥皂厂的发展算是搭上快车，生产经营蒸蒸日上，究其原因，既有周宝芬的功劳，更得益于当时的政治环境。此时，我国参照苏联的经济体制，实行计划经济，物资统购统销，财政统收统支，外贸统进统出。这对产品质量过关、牌子名扬整个华南的源昌肥皂厂而言，是一个千载难逢的发展良机。受益于国家实施禁止进口外国生产的肥皂等支持民族经济发展的政策，源昌肥皂厂几乎没有了竞争对手，只要专注生产并把好质量关，就高枕无忧了。当时，中国百货公司广州采购供应站（下称"中百站"）是广州的一家供销社，专门负责全省企业物资的统购统销。后来，源昌肥皂厂生产出来的肥皂就全部卖到中百站。其时，源昌肥皂厂每天都要运许多车肥皂到中百站。肥皂全由中百站负责销售，企业只负责生产，这让企业节省很多功夫，自此就不用再请人走街串巷去推销。当然中百站也不是什么肥皂都收，主要还是源昌生产的肥皂是品牌，质量有保证，规格有保障。源昌肥皂厂生产与经营越来越出色，让当时的周宝芬陶醉，第一次有了自己挺有本事的感觉。

1952 年 9 月，中央提出，要用 10 年到 15 年时间基本上完成向社会主义过渡。同一时期，广州市工商局何庶仁副局长邀请周宝芬到上海参观。于是，他和五弟周宝琛一起随工商局到上海学习考察。当时，他们参观的是刚刚公私合营的工厂，肥皂厂规模很大，而且他们不用参加"五反"运动。这让周宝芬感受良多，触动很大，对此后他在广州肥皂业同行中率先提出实行公私合营申请是一个思想启迪。

1953 年 6 月，毛泽东在中共中央政治局会议上，正式提出过渡时期的总路线和总任务，要在一个相当长的时期内，逐步实现社会主义工业化，并逐步实现对农业、手工业和资本主义工商业的社会主义改造。从这时起，党和政府根据中国民族资产阶级具有两面性的状况，对资本主义工商业进行社会主义改造。采取的措施不是像苏联那样简单粗暴，采取剥夺的方法，而是实行了一整套"和平赎买"政策，创造了世界社会发展史上前所未有的经验。这次改造影响特别大，但在幅员辽阔、人口众多、经济落后的我国，进行得井然有序，并没有造成严重破坏，这是非常了不起的一场规模巨大、意义深远的社会变革，为当时生产力的进一步解放，找到一条妥善的道路，对以后我国社会和经济的发展产生了重要的影响。

广州对资本主义工商业的社会主义改造，从1952年下半年开始酝酿，1954年至1956年底全面进行。采取的是"和平赎买"的政策，通过国家资本主义形式，逐步将其改造成社会主义公有制企业，而且将所有制改造与人的改造相结合，努力使剥削者成为自食其力的劳动者。在这场广泛的社会经济变革中，源昌肥皂厂理所当然也在改造之列。

新中国成立之初，广州的大型工厂无法与上海以及东三省相提并论。但广州的小商店、小作坊、小工厂数量之多，大大出乎政府的预料。在大规模社会主义改造前，北京只有77家工商企业，而广州有270多家，138家工业企业代表了4000家不同的机构，132家商业企业代表1.65万家不同的机构，还有大量的手工作坊和小摊位。因此，广州三大改造工作中最艰巨的是工商业社会主义改造。广州市有计划地开展公私合营工作是从1954年开始的，但高潮是在1955年底至1956年1月，以轰轰烈烈的运动形式实现了既定目标。

"三反""五反"运动后，广州私营工商业曾经一度处于低潮，当时对于公私合营，工商业者中有人欢喜有人愁。本钱少的认为合营好，一是可以摆脱困境，二是可以捧上铁饭碗，成为半个公家人。而本钱大的认为合营了使一辈子的心血全无，思想负担沉重。当时的报纸登过这样一则故事：成利号女老板一向不参加开会和学习，动员全业合营时，她叫女婿代她去开会，会后她的女婿对她说："要全业合营了。"她问："怎样全业合营？"女婿回答："全业合营就是俾晒（即全部财产归公之意）啦。"她就哭了一天一夜，不愿合营。后来经过解释，她参加学习，才打通了思想，申请合营，掌握命运。

1953 年下半年，国家正式公布了在过渡时期的总路线，加快了对资

1956 年 1 月 12 日，广州市各界 6 万多人游行庆祝工商业社会主义改造完成

本主义工商业的社会主义改造的步伐。广州市工商联组织工商界人士学习，朱光市长给参加学习的全体工商界人士做了报告。为了打消工商界人士对公私合营的顾虑，广州市委统战部还组织了当时几个大的私营企业负责人到上海参观学习，周宝芬也是其中的一个。当去到1954 年 1 月先合营的上海正泰橡胶厂参观时，周宝芬问陪同的厂负责人，公私合营到底好不好？负责人说，起码公私合营后，不用经常被有关部门找去谈话。这就更加坚定他带领源昌肥皂厂走公私合营这条路的决心。

朱光市长的报告，两次上海参观考察的体会，使周宝芬内心深处感到党和国家对私人资本主义工商业进行社会主义改造已经是势在必行、大势所趋，身处这样的历史大潮当中，只有顺潮而上，才无愧于国家、无愧于民族、无愧于家人。当然，周宝芬也有自己的小算盘：第一，自己读了很多书，可以出去打工，不一定非要当老板；第二，源昌肥皂厂并不是他一个人的工厂，而是父亲创办的家族企业，公私合营自己就不用太辛苦；最主要的是作为企业负责人，以后就无须整日提心吊胆被找去谈话。虽然此

时父亲已经去世，但周宝芬认为，他所做的一切，父亲泉下有知，一定会为他点赞。

经过反复慎重的思考，1954年3月初，周宝芬亲自写了一份《关于源昌肥皂厂申请公私合营的报告》，给当时的广州市中区（今越秀区的一部分）人民政府。同时，还将自己申请源昌肥皂厂公私合营的想法，组织全厂管理人员和生产人员进行研究，得到全厂上下的广泛支持。同年3月下旬，广州市委统战部召开座谈会，部领导对申请公私合营的企业给予表扬和鼓励，并指示提出申请的企业应努力创造条件，争取实现公私合营。

其时，周宝芬最担心的是源昌不符合条件。解放这几年，源昌肥皂厂虽然在党和人民政府的关怀支持下，在国营公司的积极扶助下，在全厂职工的努力下，无论生产还是管理都上了一个台阶，取得了不俗的成绩，在同业中名列前茅、口碑不错，与解放前在国民党反动派统治下和在帝国主义经济侵略下艰难爬坡的状况相比，真是天壤之别。但工厂的生产还做不到特别正常，经营管理制度没有国营企业健全。但一想起座谈会上，市委统战部领导部署这项工作时提出的要求，他觉得通过努力创造条件还是有希望的。

1954年4月中旬，中共广州市中区区委派工作队到源昌肥皂厂摸查情况，了解肥皂厂有什么困难及对合营有何顾虑，同时帮助肥皂厂搞好生产。周宝芬将源昌肥皂厂存在的问题开诚布公，逐一向工作队列出，让工作队了解厂内的一切情况。那时候，广州市内已公私合营的企业只是个别，源昌在行业中实属先例，所以周宝芬就一五一十将掌握的、听来的所有顾虑都说了出来，让工作队心中有数，如资金如何处理、别人存放的物件怎样处置、债权债务问题、资产评估等。

经过一个多月的反复摸查核实，工作队认为源昌肥皂厂具备公私合营的条件，经报请中共广州市委统战部同意，源昌肥皂厂作为广州全市 10 家试点厂先行合营。中区区委、区政府批准正式成立了源昌肥皂厂合营委员会，下设清估组和秘书组。从成立合营委员会人员的组成、清产核资、人事安排以至合同的签订，都是在公方代表（公方代表三人，组长张久富，组员李俊标、黄邦，工会代表有工会主席周潮）和周宝芬这个私方代表反复协商下进行的。在张久富等公方代表的大力支持下，合营工作进行得非常顺利。

周宝芬说："当时核资过程比较快，工作做得并不细致。设备的估价是按钢铁的重量进行价值计算，制造设备的设计费、加工费、运费等都不算进去；厂房的估价则是按砖头的数量计算，每块砖折算成一定的价格，有多少砖就多少钱，厂房的设计费、建造费、装修费等都不算。所以尽管当时肥皂厂规模很大，但资产最后折算起来，也只有 21 万元人民币。后来，市政府再投资 5 万元入股，算是占肥皂厂 5/26 的股比。公私合营之后，工厂赚的钱就按比例分，政府占 5 份，我占 21 份。"

1954 年 7 月 1 日，在合营委员会公私方竭诚努力下，在全厂员工的关心支持下，源昌肥皂厂终于实现了公私合营，成了广州最早实现公私合营的 10 间厂之一。合营大会上，有关领导宣布由周宝芬（资方代表）当广州公私合营源昌肥皂厂厂长，正职。这是一个让周宝芬意想不到的结果，也是其他 9 家试点厂资方代表没想不到的。因为其余 9 家都是清一色公方代表（中共党员）任正厂长，资方当副厂长。唯独肥皂厂是周宝芬做正厂长，公方代表做副厂长。合营之后，周宝芬有职位有权力，因为厂里只有他掌握制肥皂的核心技术。副厂长是共产党员，是一位银行家，后来成了周宝芬的好朋友、好搭档。每次周宝芬代表厂里参加市工业局会议时，参会其他人都是公方代表，开始与会者有点不适应，后来就见怪不怪了。各个厂的领导都十分尊重他，因为他是知识分子。周宝芬开完会就照常回工厂，向其他人传达会议上的事宜。

1954 年 9 月，政务院通过《公私合营工业企业暂行条例》，规定对资本主义企业实行公私合营，合营企业中，社会主义成分居领导地位，私人股份的合法权益受到保护。合营企业的盈余，按企业公积金、企业奖励金和股东股息红利三个方面，加以合理分配。股东的股息红利，加上董事、经理和厂长等人的酬劳金，可占全年盈余总额的 25% 左右。

企业合营后，周宝芬是 700 工资分，工程师 650 工资分，每个月工厂发的工资是 200 多元人民币。普通工人工资 36 元，大学毕业生工资是 53.5 元，连续工作 10 年可以成为工程师，工资达到 135 元。那时有人把广州大学生的这个收入编成了歌谣，叫"嗦咪嗦，几时做到哆咪嗦（即 53.5 元，什么时候才能做到 135 元）"。周宝芬参加革命（工作）的历史，就是从 1954 年 7 月公私合营开始算起，到 2000 年退休，共 46 年。

源昌肥皂厂公私合营后，政府的入资是不能乱用的，周宝芬就拿这部分钱去维修和更新设备。他派人去上海买了一台高温蒸汽机、一台自动打印机，同时找人设计冷冻机，使制造出来的肥皂能够及时降温。1956 年，广州全市 100 多家肥皂厂（作坊）实行全行业合并，成立广州公私合营源昌肥皂厂。1966 年，广州公私合营源昌肥皂厂改名为广州肥皂厂。1956 年，广州肥皂行业全员合并后，周宝芬离开了他和父亲亲手打造的源昌肥皂厂。

从广州解放到 1956 年离开，周宝芬为源昌肥皂厂呕心沥血，做了不少具有开拓性的事情。比如稳定肥皂生产过程中甘油回收率，并常态化生产甘油，为我国冲破美国为首的西方资本主义国家对我国国防工业、其他工业急需的甘油封锁做出意想不到的贡献。比如通过聘用有现代企业知识的管理人才，完善生产流程和企业制度；通过聘请工程师、技术人员，改进机器和提高质量产量，并在此基础上进行"精兵简政"，不仅减少没有必要的技术人员，同时还将工人也从原来 100 多人精简为 24 人，使得制造肥皂的成本大幅减低。"用现在的话讲，就是增加研发投入，推动企业生产自动化。"

从 1954 年开始到 1956 年，由于没有进口肥皂的竞争，源昌肥皂厂的肥皂销量很好，占广州市肥皂总销量的一半以上。肥皂产量很大，运送到中百站的肥皂达到日均 5 车以上。这得益于没有竞争对手，更得益于公私合营，使得源昌肥皂厂的生产效率有了质的提升。特别是企业经济成分的改变，工人变成主人，积极性大大地提高，企业管理也加强了，使生产向前进了一步。经历过抗美援朝、土地改革和"三反""五反"运动，再经过国家对资本主义工商业的社会主义改造，周宝芬觉得个人的命运已经跟国家紧紧联系在一起了。所以，从那时起，要为民族复兴、国家富强多做工作这一信念，更加深刻地烙在周宝芬的心上。

广州对全市资本主义工商业的社会主义改造原来是有自己全盘计划和一套方案的，在酝酿有步骤地铺开时，中共中央做出了重大决定。据此，市委要求广州全行业听从号召实行公私合营，私营企业也全部实行公私合营。从 1955 年年底至 1956 年年初，全国对资本主义工商业的社会主义改造的热潮汹涌澎湃，广州市急起直追，紧跟全国的形势发展。人们开始兴高采烈地谈论"跑步进入社会主义"。

1956 年 1 月 16 日，广州市委召开会议，学习北京的经验，决定一个星期内把全市的私营工商业全部按行业实行公私合营，即由资本家和工人自己组织起来，在党和政府的领导下，进行公私合营的群众运动办法，先宣布批准合营，再进行清产核资，安排人事和经验改组。从 1 月 17 日起，《南方日报》连续发表社论，号召广州市的工商业者向北京看齐，积极迎接全市改造高潮的到来。同年 1 月 18 日，广州市私营工业行业 4000 多家工厂全部申请公私合营；私营商业行业近万户商店，也提出合营申请；105 个私营行业办理了全行业合营申请。这天，广州的大街小巷，挤满了申请公私合营的人流和舞狮报喜的队伍。

1956 年 1 月 20 日，广州市在越秀山体育场召开 6 万人大会。市委宣布批准全市工业 138 个自然行业共 4000 多户实行全行业公私合营；批准商业、服务业、交通运输业等 132 个自然行业共 1.62 万多户实行全行业公私合营。同年 1 月 24 日，广州宣布手工业全部实现合作化，全市 10 万手工业者走上了社会主义道路。同年 1 月 29 日，广州举行庆祝社会主义改造胜利联欢大会，各界群众 30 万人参加大会。朱光市长豪迈地宣布："广州市已经进入社会主义社会了！"同年 1 月 30 日，广东省工商联筹委会向中央发出广东省完成资本主义工商业全行业公私合营的报喜信。全省参加合营工商户股金总额 1.26 亿元。

全行业合营后，一律采取"定息"制度，不分工商，不分大小，不分盈亏，不分地区，不分行业，年息一般 5 厘，7 年为期，从 1956 年 1 月 1 日起计息。

郭宏威在《广州文史》杂志上发表的一篇题为《一个促进公私合营高潮的大会》回忆中讲到广州工商业公私合营的一些情况："1956 年 1 月 12 日，市工商联召开全体会员大会。会议的中心议题是：学习毛主席的指示，动员全体会员为加速实现全行业公私合营而奋斗。大会期间，全体会员认为，现在形势迫人，必须急起直追，自己带头并推动行业以最快的速度申请全行业公私合营，跟上北京市同行们的革命步伐。为了表达自己的决心，不少工商业主纷纷上台表示，除自己的企业无条件参加全行业公私合营外，还以增资的形式付诸实际行动，包括房地产、现金、公债、实物等增资。其中，用房地产增资的共有 111 间，较多的有周宝芬 61 间、吴荣贵 21 间。用现金、公债、实物等增资的有黄长水、陈祖沛、周康年等 40 人，增资金额达到 1700 多万元。……其场面之热烈，是始料不及的。"

1956 年，周宝芬将制作肥皂的秘诀毫无保留地传给了源昌肥皂厂的工人师傅后，就被调离了父亲创办快 40 年，经他手完成公私合营，且又刚刚重新组合的源昌肥皂厂，走马上任广州日用品公司副经理兼总工程师，主要负责管理广州玻璃厂、火柴厂等厂。虽然担任领导职务，但周宝芬很少坐在办公室，而是经常深入工厂一线，帮助所分管的厂解决生产中的具体技术问题。他心想，自己所分管的企业知道他是总工程师，遇到技术难题，一定会首先想到找他当面汇报或请教，如果连大家提出的问题都不懂，决策就会出问题，人家就会对他有看法，就会耽误生产。所以，周宝芬要求自己要经常下厂，但不是去发号施令，而是去熟

周宝芬视察工地

悉生产，了解各个厂产品的生产环节、工艺流程，与群众打成一片，虚心请教技术人员和一线生产师傅，强化工业生产的综合素质和技术素养，争取能直接回答并解决技术人员、工人提出的各种问题。学习做玻璃，学习做啤酒，什么都学，到后来他连如何找麦芽发酵啤酒，如何在低温的条件下进行发酵都懂了。

太太李仪总是表扬他："他好勤奋，又肯吃苦，愿意去学习任何生产流程的知识。说被安排做哪行，就认真学那行的知识，而且要学到会，学到通。"有一次火柴厂发生事故，周宝芬前往调查事故原因，凭着多年从事生产的经验，再经过认真的调查，确定这是一场天灾。但当时有同志坚持说是敌方搞破坏（那时国民党经常派人到大陆搞破坏）。后来他详细地从生产细节和制作流程上进行解释，局长同意了他的意见，事故定性为天灾，才妥善解决这次事故问题。

第四章　有幸成为工商联
"少壮"委员

广府文化根在中原，魂在珠江三角洲。几千年来，中原文化一直是尚农轻商，而偏居岭南地区的广府文化则是农商并重，这是临江靠海的缘故，是捕捞业和手工业比较发达的缘故，是航运与开放先发优势使然。周宝芬承蒙祖父和父亲的引领，成为广州商而优则仕的代表，非常有幸地成为毛主席的座上客。

广州，青山半入城，六脉皆通海，自古商通天下。自秦汉以来，便是岭南政治、经济、文化中心之一，有"千年商都"之美誉。2000多年来，这座商贸古城从海上丝绸之路的重要港口，到明清时期的"一口通商"，进而形成"洋船泊靠，商贾云集，殷实富庶"的"十三行"鼎盛时期，再到新中国外贸晴雨表和风向标的广州中国出口商品交易会（现改为"广州中国进出口商品交易会"），商业文明已融入城市血液，并不断创新发展。在世界权威城市排名机构 GaWC 发布的 2016 年世界城市体系排名中，广州跻身世界一线城市。

广州重商文化深入百姓血液骨髓，他们义利并重，以诚赢利；他们以务实和求变而著称，一方面讲求干一行、深耕一行，另一方面讲求肥水不流他人田，善于触类旁通，以通达本行来厚实基础；他们注重学习与传承，以感恩之心引领承上启下，广大前行；他们崇尚买卖平权、主仆平等，讲求和气生财；他们善于借力打力，顺势而为。周宝芬及其祖辈父辈就是在这种重商的文化环境下成长起来的典型。

广州重商文化影响着经济社会发展的各个层面。它是广州商业千年不衰的精神支柱，是广州千年商都上层建筑的思想基础。基于这种文化建立起来的城市运行体制机制，吸引并凝聚了天下商贾会聚广州。商贾往来频繁，自然促进行业、商会协会等各类组织蓬勃发展，与之配套。

广州工商团体组织发端于清朝初年"东家"行会。比如，创建于清雍正元年（1723 年）的锦纶会馆，就是由当时广州数百家丝织业主共同出资兴建的丝织业（即锦纶行）的行业会馆，在作为当年广州纺织行业老板们聚会议事的地方的同时，也作为供奉锦纶行祖师汉博望张侯（即出使西域的张骞）的地方。到民国初年，广州工商业界已经普遍有了自己的东家行会组织，如建筑业类东行、丝织机业类东行、火柴业类东行等行会组织。其中，最知名的是"五丝八丝广绣好，银钱堆满十三行"之"十三行"的洋货业类东行。据统计，民国初年广州已有东家行会百余家，但一般称为"七十二行商"行会。20 世纪 30 年代，根据国民政府颁布的《工商业同业公会法》，这些行会改组或新建成同业公会118 个。旧广州商会就是在行会（公会）基础上组建的，但商会和行会（公会）间并无隶属关系。据史料记载，广州由商人组成的第一个商会组织，是创办于 1905 年的"广州商务总会"，会址设在现广州市越秀区人民南路晏公街内。

广州商务总会成立后，除大力主张创办实业，推动民族工业发展外，还积极参加抵制美货、收回粤汉铁路及保路运动等，并在运动中发挥了重要的作用。1917 年，广州商会总会改组为广州总商会。1923 至 1924 年，为反对帝国主义侵略，广州的一些爱国工商业者又分别成立广州市商会和广州市商民协会，与广州总商会并存。三个商会由于会员对象不同，因此各自独立，分别开展活动。这三个商会均参与了抵制日货运动、省港大罢工等重大的爱国主义运动，并积极投入到筹款资助北伐战争活动。1931 年 2 月，根据修正后的广州商会法，广州总商会与广州市商会、广州市商民协会改组合并，共同组成新的广州市商会。

新中国成立后，为推动广大工商业者响应党和政府的号召，恢复和发展国民经济，投身各种爱国主义运动，广州市爱国工商业者强烈要求建立一个属于工商界自己的团体。1950 年 6 月，广州市召开有 55 名工商界代表人士参加的座谈会，会上成立广州市工商社团整理工作临时委员会，即席推选 17 人为委员，开始筹组广州市工商业联合会等工作。1950 年 9 月，整委会全体委员会议协商产生了广州市工商联筹委会委员和常务委员名单，成立了广州市工商联筹备委员会。林志澄任筹备委员会主任委员，筹委会成员均由广州市人民政府发证聘任。1950 年初，工商联未成立前，广州有很多商会，肥皂行业有肥皂商会，玻璃行业有玻璃商会，纺织行业有纺织商会等。1952 年 8 月，广州市工商界第二届代表会议选举产生了广州市工商业联合会第一届执行委员会，标志着广州市工商联正式成立。当时，周宝芬在广州算是工商业大户，被聘为执行委员。广州协同和机器厂的林志澄就任主任委员。1958年起，周宝芬长期担任广州市工商联副主任委员。

修建广州市工商联大礼堂时，周宝芬曾参与其中。那时由于土地改革，晏公街附近一些房子很便宜，市工商联决定在晏公街选址建大礼堂。会员们花很少的钱就买入了附近若干间房屋，拆除后作为礼堂选址。那时，政府没有什么经费，因而建大礼堂的资金全部都要市工商联自筹。市工商联号召会员有钱出钱、有力出力，周宝芬捐了不少钱，加上每个会员每月都要向市工商联交会费，而市工商联本身也有资金储备，礼堂的修建比较顺利。修建过程中，周宝芬作为6个广州市工商联筹备委员之一，负责晏公街礼堂的建设，并在那里坐镇指挥。可惜礼堂建好后，由于不够大，很快就被拆除重建。重建时，周宝芬继续又是发动捐款，又是自己捐款，又是坐镇指挥施工，有时甚至亲自上阵。不久，市工商联在晏公街重建的大礼堂又顺利落成，这是一个可以容纳1000多人的大礼堂，足够当时市工商联全体会员坐在一起开会。

"抗美援朝、保家卫国"运动兴起后，广州市工商联专门成立了抗美援朝总会广州分会工商界支会，组织200多人的演讲队，推动各行业开了303次声援大会，有5万人以上受到教育。1950年11月20日，广州市工商界举行抗美援朝动员大会，到会工商界代表约600余人，大会通过了五项爱国公约：贡献一切力量坚决拥护抗美援朝保家卫国的志愿行动；努力增加生产，沟通物资，保证供给；不投机倒把，不囤积居奇，协助政府稳定金融物价；做好防袭防钻工作，粉碎匪特谣言，不收听美国之音，扩大抗美援朝宣传；拒用美国消费品。这五项公约，是广州工商界人士自己提出的，与会代表在公约保证书上签了名，其对于教育和动员工商界参加抗美援朝运动起了很大的作用。

1950 年 12 月 9 日，广州全市工商界代表 1300 人举行控诉美帝罪行大会，促使广州工商界抗美援朝运动走向高潮，会上各行业都提出本行业今后抗美援朝的行动保证。如染整业保证如期完成加工任务，不收 5% 的利润，直到朝鲜战争最后胜利。会议决定于 12 月 12 日举行工商界示威游行，以扩大影响。在 1950 年 12 月 12 日举行的广州工商界游行活动里，包括 172 个行业，约有 3 万余人参加，这在广州工商界来说是空前的。此次大游行历时三个半小时。一位工商业家说："中国现在又打得又讲得。"（"打得"是指朝鲜战场的胜利；"讲得"是指在联合国安理会上中国政府特派代表伍修权的正义发言。）

1951 年 7 月 11 日，广州市工商界召开抗美援朝代表会议暨抗美援朝祝捷大游行，发动全市工商各界认捐飞机大炮，捐款入库金额 526 亿元，折合可购战斗机 35 架。期间，广州市工商联为配合政府扩展内外物资交流，活跃城乡经济，成立了广州市工商联物资交流促进委员会，组团参加各地的物资交流。同时，发动组织全市工商界于 1951 年 10 月 14 日至次年 2 月 14 日，举办了一次规模盛大的华南土特产展览交流大会，以莫应溦为团长的港九工商界参观团、以马万祺为团长的澳门观光团应邀参会并进行了贸易。

为打破帝国主义封锁，尽快恢复国民经济，广东省委、广州市委决定吸引华侨资本建设新广东。在党组织动员和牵线下，司徒美堂、黄长水、邓文钊、蚁美厚、陈祖沛、何贤、王宽诚等十多位知名爱国人士积极带头并引导港澳同胞回祖国大陆投资，并于 1951 年 2 月在广州组建了公私合营的华南企业股份有限公司

1951年10月，华南土特产展览大会在广州举行

（简称"华企"）。这是新中国成立后我国第一家吸收华侨和港澳商人的资金投资成立的合资企业，主要经营对外贸易、工业、信托等业务。

周宝芬担任首届广州市工商联执行委员时，适逢"华企"协助中央、省、市有关单位举办华南土特产展览交流会。周宝芬一边经营源昌肥皂厂，一边服从组织安排到华南土特产展览交流会（后称之为"华南物资交流会"）接待办公室帮忙，主要是利用自己熟悉港澳的优势，接待和联系香港商人。

华南土特产展览交流会筹备工作自1951年6月开始，一连进行三个多月。值得一提的是当时决定做交流会场的西堤灾区不仅是烂地一片，而且还有5000多户人家住在这里的破破烂烂的临时棚屋。市政府只用了一个月的时间，就把灾区内5000多户灾民迁出西堤，同时委任毕业于法国里昂建筑工程学院的建筑师林克明负责展馆的设计，组织中山大学建筑系的教授专家每人负责设计一个展馆。结果，从设计到完工，前后花了不到三个月，完成了5万平方米的12座风格各异的展览馆和大面积的绿化，使这个原来瓦砾遍地的废墟面貌焕然一新，也使这个展馆最后有机会变身为广州文化公园。

林克明和周宝芬同一年（即 1979 年）被增选为广州市政协副主席，也和周宝芬同一年（即 1978 年）当选为五届全国政协委员。林克明作为新中国第一代著名建筑学家和建筑教育家，回国后为广州城市建设留下不少力作，从海珠桥到海珠广场、广州市政府、中山纪念堂到中山纪念碑，这条长达 12 公里贯穿南北的首条广州中轴线的建筑风格和谐统一，或出自他的建议，或出自他独特的设计眼光。改革开放给我国科学事业发展带来了春天，同时也给世纪老人林克明带来了晚年的春天，此后他历任广州市基本建设委员会副主任、华南工学院教授、华工建筑设计研究院院长和广州市设计院顾问。

1951 年 10 月 14 日，继华东区、中南区之后，全国第三个规模巨大、影响深远的展览交流大会——华南土特产展览交流会，在广州揭开了帷幕。中共中央华南分局、广东省、广州市领导出席了开幕式，除国内各行政区的代表团外，以莫应溎为团长的港九工商界参观团、以马万祺为团长的澳门观光团也出席了开幕式。广州与港澳的工商界有着千丝万缕的联系。交流会的开幕式一结束，港九工商界代表马不停蹄返回香港，立即组成贸易团，11 月 23 日便出现在交流会的会场上，与各地行业洽商。他们一下子开出了药材、油豆、蛋、牲口及其他土特产的一大沓订单，把交流会的气氛推到高潮。潮汕出产的土纸、高陂瓷器、薯粉等货品，在交流会上滞销，就是由广州交易总团代为推销，被港九代表团统统收购了。澳门工商界观光团回到澳门后，积极发动澳门工商界人士回祖国进行贸易，也组成澳门工商界贸易团，11 月 7 日到达广州参加交流会贸易。

周恩来曾用"患难之交"来评价港澳同胞在中国受到西方国

家封锁的最困难时期所提供的帮助。这些"患难之交"当然也包括了在华南土特产展览交流会上、在日后华南物资交流会上积极与内地做生意的港澳商人。同年12月5日，交流会闭幕，成交总值达人民币11831亿多元（旧币），超额完成了原定10000亿元的目标；广州交易团累计成交购销总金额2165亿元（旧币），也超过了原定2000亿元的目标。根据时任华南分局第一书记、广东省政府主席、广州市市长叶剑英的提议，交流大会展场被开辟为岭南文物宫，这就是今天的广州文化公园。华南土特产展览交流会的巨大成功，为日后"广交会"的创办做了铺垫，并提供了非常难得的经验。

华南土特产展览交流会结束不久，1952年周宪钜因病在香港去世。父亲去世，儿女前去悼念是人之常情，但组织没有批准周宝芬去，使他有一种被"绑定"在广州和组织还是信不过自己的感觉。为了争取使组织早日信任自己，他萌发了多学习、多活动甚至加入某个先进组织的想法，一来更多地了解掌握党的政策和决策，二来还可以让党组织多了解一下自己。事也凑巧，这时后来的老搭档、已经加入中国民主建国会广州市分会的梁尚立说要推荐他参加民建，问他同不同意。由于民建会员基本上都是工商企业者，与他身份吻合，所以他便一口答应了。就这样，周宝芬在这一年加入了民建。当时，全市民建会员只有130多人，分编为6个小组。

梁尚立比周宝芬大三岁，其父梁培基是民国著名民族工商业家。梁培基毕业的博济医科学校和从业的广东夏葛女子医科学校，后来被合并为岭南大学医学院。梁培基是名医，亦是华南著名制药商。当时华南疟疾肆虐，他研创出"梁培基发冷丸"，开了广州制药业中西药结合之先河，行销至华南及东南亚。梁培基还发起创办光华医社、光华医学院，并创建汽水厂、民众烟草公司等企业，投资开发从化温泉疗养院和风景区，成为富商。梁尚立1938年参加中华民族抗日先锋队，从事抗日救亡工作。1945年子承父业，担任梁培基药行副经理。1953年后，曾任广州投资公司副总经理，广州市工商联主委，民建广州市委副主委、主委，广州市人民政府委员，广州市政协副主席，广州市副市长，广州投资公司副董事长，越秀企业有限公司董事长，全国工商联副主席、名誉副主席，全国政协委员、常委。

虽然在广州市民建，周宝芬只是个普通成员，但他对自己的要求比较高，暗自下决心，学习必须跟上。那时，市民建在西关十八铺有个小组活动地点，几乎每个星期都会有一次活动，周宝芬每次都参加，学政治听时事，分析钻研党的政策，政治思想觉悟迅速提高。1951年8月27日，广州市召开第四届第二次各界人民代表会议，周宝芬因带头支持实行公私合营，被选为参会代表，会上有幸听取了叶剑英市长做总结报告，朱光副市长代表中共广州市委向会议提出"全市人民团结起来，为贯彻民主改革而斗争"的建议及其所提出的贯彻民主改革的具体方案。

1955年至1956年，广州先后举办了内贸和外贸相结合的华南物资交流大会、广东省物资展览交流大会和两次广州出口物资展览交流会，不少港澳商人参加了这几次的展会。周宝芬的工作还是老本行，联系、接待与会的港澳商人。由于几次展会都交出了相当不错的成绩单，因此，广东经贸界不少有识之士和港澳商人纷纷呼吁定期举办全国性出口商品展览会。在周恩来总理、陈毅副总理的大力支持下，"广州中国出口商品交易会"呼之欲出。

1957年4月25日至5月25日，首届中国出口商品交易会终于在广州中苏友好大厦举行。最初的正式名称是"中国对外贸易公司联合举办中国出口商品交易会"。第一个使用"广交会"这一简称的是周恩来总理。"广交会"初期，可供采购的商品屈指可数，多为土特产、罐头食品、原材料和丝绸之类，香港采购商一般半天就谈完生意，剩下时间多为聚会、学习和旅游。当时参加"广交会"并不容易，每次从香港到广州都要费尽周折，周宝芬作为广州市工商联的负责人之一，主要工作就是负责接待香港采购商，帮他们安排、解决往返穗港、内地聚会和旅游等相关事宜。那时，香港工商界很多企业家都是广州过去的，周宝芬是源昌肥皂厂的厂长，家族又在香港开设有厂，在两地商界都有点分量，所以香港朋友比较认同，这样大家地位平等，接待和交往就类似朋友，客气和善。香港朋友到广州之后，住酒店、市内交通、往返车票，这些都由广州市工商联负责。

1955年，广州市工商联把协助政府对私营工商业进行社会主义改造作为中心任务，推动工商业者参加全行业的公私合营。1956年全市召开公私合营大会，会上周宝芬代表源昌也在公私合营申请书上签了名，并参加随后开展的规模盛大的集会和游行，庆祝全行业公私合营。同年，全行业公私合营后，周宝芬离开了源昌肥皂厂，调到广州市日用品公司。市日用品公司是公私合营后市轻工业局属下的企业，当时日用品公司将所有化妆品、火柴、制衣、牙膏等轻工产品企业统一起来，他当副总经理兼总工程师，公方有一位总经理。不久，广州市食品局成立，由于原来源昌肥皂厂属于油脂化学，因此归市食品局管理，这样周宝芬又被调到广州市食品局担任技术研究室主任。

中国民主建国会广州市第十二届委员会

　　1956 年 1 月，周宝芬有幸作为广东工商界代表，受邀列席全国政协二届二次会议。得到这一消息是 1955 年 12 月，当时他还是公私合营源昌肥皂厂厂长。周宝芬认为，自己能够列席国家最高规格民主协商会议，理由大概有三条：一是党和政府是把自己作为公私合营广州"第一人"来看的，何况其时源昌肥皂厂规模在全市同业中还是老大；二是作为响应国家增资号召的"第一人"，思想进步大、觉悟高，一下子将父亲在广州购置的近 90 间屋都捐出用于增资；三是带领全厂职工抓技术革新、抓设备改造、抓生产发展的私方正厂长"第一人"，确保源昌肥皂厂甘油产量稳步提升，为突破美国等西方国家对我国国防工业的封锁做出了贡献。

　　1956 年是猴年，那一年的春节来得特别早，1 月 12 日就过春节，26 日过元宵。元宵过后，周宝芬启程去北京。1 月 30 日下午 4 时 10 分，全国政协二届二次会议隆重开幕，会议一连开了 9 天，至 2 月 7 日闭幕。10 日也就是会议结束的第二天，广东省委员与列席人员才回广州。因为是首次列席，周宝芬心情尤为激动，印象也特别深刻。他是作为广东省工商界代表列席的，省里列席人员有饶彰风、邓文钊、陈心陶、梁毅文、许崇清、何敬举、许崇德、彭光钦等人；广州市有罗培元、廖奉灵等。这16人当中周宝芬最年轻，不满33岁，即使是放在现在也算非常年轻了。

这次会议时间不长，但内容丰富。中共中央主席、国家主席、全国政协名誉主席毛泽东出席开幕式。开幕式十分热闹，全国政协主席周恩来，副主席董必武、李济深、郭沫若、彭真、沈钧儒、黄炎培、何香凝、李维汉、李四光、陈叔通、章伯钧、陈嘉庚、包尔汉出席了开幕式。全国人大常委会委员长刘少奇和中华人民共和国国务院领导到会祝贺。全国工人、农民、手工业工人和工商界的代表，带着全国各地社会主义建设和社会主义改造的伟大胜利的喜信，分别向国家主席、中共中央主席毛泽东，全国人大会常委会委员长刘少奇，国务院总理、全国政协主席周恩来报喜。

这次会议最引人瞩目的是刚从美国归来才三个多月的钱学森，他应邀出席了这次大会并做了发言，这是钱学森首次在我国政治舞台上亮相。他的发言令周宝芬印象非常深刻，钱学森说回国效力很高兴，周总理对他的工作十分重视，给了他200名大学生，但钱学森说这200名大学生的科研能力不及美国的20个同事。因为研究一个项目，美国有很多研究所、实验室，只要给出资金和意见，就可以做实验。但我国高校缺乏实验室和实验仪器，大学生上课和做实验基本上停留在课本上，动手能力比较弱。这200名大学生要真正帮上忙，还需要"手把手"言传身教相当一段时间。这是一件令周宝芬印象最深刻的事。那时候，中国一年出的大学生不过几万，考上大学的几乎都是精英，但要成才还需要进一步提高实践能力。

会上，国民党"领袖文胆"陈布雷的女儿陈琏也做了发言。她针对当时有一些出身剥削阶级的知识青年为自己出身感到苦恼和悲观的情况，现身说法，帮助这些青年卸掉思想包袱。她说："也许在座有的同志是知道我的，我是陈布雷的女儿，我也是一个怀抱热情和苦闷的青年学生，为了寻求抗日救亡的途径，我找到了共产党。党把我引导到了革命道路上来，使我不但看到民族解放的前途，也看到社会解放的前途，我的苦闷消失了……从我走过的道路，我深深地感觉到：正是因为党是以国家和人民的利益为依归的，因此，党对于一切有爱国热情的人，不管他是什么人，都是欢迎和爱护的……我们没有办法选择我们的出生之地，但是我们能够选择自己的道路。只要我们认对了方向，而且肯干、努力，在我们每一个人的面前都是无比宽广的道路和远大的前程。"她的发言受到周恩来总理的称赞，对周宝芬思想也是一个极大的震动，更加坚定了他跟党走、奋力建设社会主义事业的决心。

全国政协二届二次全体会议期间，正值全国与血吸虫病进行激烈斗争的时期。为方便毛主席了解全国消灭血吸虫病的工作情况，组织者在安排广东委员及列席代表参加宴请时，还安排了上海细菌学专家参加。当晚在中共中央华南分局统战部部长饶彰风的带领下，时任广东省副省长邓文钊、时任中山医学院教授寄生虫专家陈心陶、柔济医院妇科主任梁毅文和周宝芬等人提前抵达中南海怀仁堂，等候毛主席的到来。毛主席对大家十分客气，到了以后，与大家一一握手问候。当与周宝芬握手时，饶彰风部长

71

对毛主席说："这是广州总工程师。"实际上当时周宝芬只是广州市日用品公司的总工程师，这么一说搞得周宝芬十分不好意思，又不敢当面解释，只是脸上热得厉害。毛主席他老人家可能记不得那么多人，但对周宝芬而言，算是近在咫尺见过毛主席的人了，那个时候没有几个人有这样的待遇。那一刻他感到无比光荣。

第一次列席全国政协全体会议，即国家最高的政治民主生活，让周宝芬有一种真正成为国家主人的感觉，同时对国家政策有了更深刻的了解，知道党的路线、方针、政策的设计，出发点都是为了人民和国家，绝大多数都来自各界群众的诉求和工作的实际。也就是从这次会议开始，周宝芬觉得自己知道的更多了，懂得的也更多了，对自身的要求也更高了。尤其是毛主席的接见和宴请，让周宝芬深受鼓舞，终生难忘，觉得人活着不仅是为自己、为自家而活，而是还要为他人、为国家做事。自此，周宝芬潜意识里就有了人民意识和公家意识。

第五章　挂帅修建了一个农场和一个水库

　　古代中原草莽，人民稀少，历史上素有"田野辟，户口增"的说法。新中国建立之初，百废待兴，开垦荒山种植粮食的想法亦盛行。1958 年起，周宝芬奉命修农场、水库，到 1962 年结束。岁月悠悠，50 年转瞬即逝，当年参加农场和水库建设的人，不是已离世，就是垂垂老矣，唯有青山依旧，绿水长流。

　　1957 年 4 月 27 日和 28 日，毛主席先后强调"县区乡三级党政主要干部，凡能劳动的，每年抽一部分时间下田参加生产，从事一小部分体力劳动。县以上各级党政军主要干部（不是一般干部），凡能劳动的，也要这样做，每年以一部分时间，分别下田、下工场、下矿山、下工地或者到其他场所和工人农民一道从事可能胜任的一小部分体力劳动（哪怕是很少一点）。这样一来，党和群众就打成一片了，主观主义、官僚主义、老爷作风就可以大为减少，面目一新"。

　　就在这个时期，周宝芬离开广州市日用品公司，走马上任广州市轻工业局副局长，并兼任广州市工商联副主任委员。1958
年，中共中央、国务院都发出下放干部到农村锻炼的号召。时任
市委统战部部长罗培元专门请示时任市委第一书记王德，王德认
为统一战线这条线有它的特殊性，不要同其他战线那样下放到农
村去，最好在近郊找个合适的地点，还要市委统战部把这方面的
事抓起来。罗培元就把王德这个指示同市政协、各民主党派负责
人商量，大家认为先找个点，因地制宜才好提出具体可行的
意见。

于是，罗培元就找当时市农委主任侯采苓商量，侯主任说：
"耕地一亩也没有，山地任你拣。"他介绍罗部长去看龙眼洞那边
的荒山。罗培元和政协、工商界几位同志穿着胶鞋、戴着草帽，
到龙眼洞附近的山地找了半天，最后选中了市郊黄陂乡（今天河
区）一个名叫筲箕窝的一片山地。参加选点的人想，要有延安南
泥湾的精神才啃得下来。在和市政协、各民主党派和工商联的同
志商量时，有人问罗培元部长：人呢？钱呢？罗部长心中有个
数，先把市政协办的工商业者讲习班搬到那里，搭起茅棚，半天
劳动，半天学习，将来就作为政治学校的校址，开办费由市政府
出一笔也是可能的。

散会时，陈秋安小声对罗培元说，那地方是副市长李朗如过
去"谈窝色变"的地方。罗培元问何故。陈秋安说筲箕窝是过去
著名的土匪帮藏"参"的地方，李老当年是孙中山先生的侍卫
长。但罗培元说，时代不同了，现在治安状况空前良好。大家笑
了笑，不把这当一回事了。

周宝芬主动申请去了以后，发现筲箕窝不但不可怕，而且大
有开发前途。山有大有小，有高有低，群山之间只一个入口，入

口深处，一片低谷，状似筲箕，因此得名。山可种茶、木薯，低处可开荒种番薯、芋头、水稻。山上有不少乌榄树，还有可流觞的曲水，加上亭台楼阁，假日也是市内游人赏玩的好去处。凡是看了的人都认为好，立志拿下它。

一开始，市政协办的工商业者政治学习班派一部分学员和干部作为"开荒牛"，搭盖宿舍和大棚作教室，然后将工商业讲习班迁进去，市委统战部的钟伟和工商联的童文彬主持其事。后来政治学习班的第六期学员雄心勃勃，提出办农场。经广州市工商联、民建广州市委会研究，最终还是决定联合兴建一个广州工商系统人士与机关干部的农场。农场归广州市工商联管辖，筹委会主任为刁绍芬。周宝芬和方文瑜先后担任场长，副场长先后是卢子芩、童文彬、吴崇威、黎日初、刘文亮、关道源、梁鸿举，农场党支部书记由广州市委统战部工商部门负责人担任，先是钟伟，后是童文彬。广州市工商联机关还另派四五个干部参与农场的管理。

周宝芬本来不需要参加劳动改造，但由于组织起初考虑的农场管理人选是市工商联副秘书长梁华根，他的年岁已大，加上改造任务重、压力大且粗重工作多，而周宝芬年轻又想借此机会锻炼一下自己，所以，便自告奋勇挂帅当农场场长，他的请求很快得到组织批准。

筲箕窝虽然没有传说中那么可怕，但毕竟偏僻，山高林密，常有野兽出没。据说龙眼洞村民就曾经在筲箕窝用山猪炮炸野兽，结果炸掉了一只老虎的下巴，老虎却不见踪影。一个星期后，有村民上山打柴，终于见到一只死老虎，下巴已被炸掉。先行部队去筲箕窝开发时，那里还是一片荒山，野草丛生，连路都没有。上级指示：把农场建成花果之山、游览之所、工商界人士的劳动锻炼基地，生产上以畜牧、园林为主，开展多种经营，走工农业并举的发展之路。农场建设经费由市工商联自筹。

农场筹建伊始，参加筹办农场的人员住在临时搭成的树屋里。这些树屋搭在大树树杈上，实际就是在两个树杈之间铺上木板，再挂上帐篷，周宝芬和所有人就睡在树杈上。所有人员的伙食均由集体组织大家自行解决。比如组织人们自行上山割草、劈柴，作为煮饭烧水的燃料；组织人们到山坑取水替代自来水。条件异常艰苦，但所有人都任劳任怨，坚持开荒。

与农场筹建同步，广州市工商界人士分批积极到农场参加劳动。当时，周宝芬和接受改造的工商业者一样，什么都是初学，好比一年级小学生一样，什么也不懂，还好大家的积极性都比较高，因此，啥都不懂的劳动状态经过半个月就有明显改观。当时大家分成很多组，有的被分配负责厨房的柴草、粮食和蔬菜等运输工作，有的负责上山劈柴割草，有的负责从附近采购粮食和日用品，还有做药材生意的就被分配到荒山上采摘野生草药，打谷的就安排到晒谷场。所有人的工作安排都是根据工商业者长期从事的工作来分的，本行熟识的工作做起来得心应手，也很好地发挥了大家的特长。

在所有人的辛勤劳动之下，短短四个月内，就将农场的基础建设搞定了，住房有了，饭堂有了。紧接着第二期、第三期前来改造的工商界人士陆续抵达农场，农场建设的速度因此更快了。荒山有的被开垦为良田，有的修盖为生产用房和宿舍，条件逐渐好起来，后来还开办了社会主义学院，为工商界人士、民主党派人士创造了改造学习的条件。

当时很少农场是赚钱的，大多数都要机关贴钱补助。市工商联筲箕窝农场却是少数几个能赚钱的农场之一。刚到农场时，由于来改造的学员都没什么耕作经验，周宝芬他们就请当地农民指导耕田，在山地种木薯、菠萝。来改造的工商界同行善于经营，长期在商海打拼，头脑灵活，熟悉市场，富有生财之道，所以在农场劳动改造期间能够发现许多商机。当时，大家研判国内经济发展情况后，决定发挥工商界资金多、有技术、专业强的优势，筹钱在农场开办一家机器厂，专门生产金属配件、车轮等，满足国内中小型工业迅速发展的需要。

果不其然，机器厂生产出来的产品适销对路。赚钱后，他们又分析，国内农场越来越多，而这些农场一般都有石料，此时又适逢国内大规模开展基础建设，需要大量的碎石。他们决定在机器厂增加一条专门制造碎石粉碎机生产线，生产碎石粉碎机，卖给各地农场。结果，销路又是不错，赚了很多钱。

初时，有人以为工商界只会为己为家谋福利，到农场来搞的是公共家当，肯定没那么高的积极性，但事实完全相反，凡是参加农场劳动的，绝大多数都是尽心尽力。那里没有物质刺激，更无私利可图，为什么能做到这样呢？因为他们心中有家国。当然，也有个别人的生活习惯很难一下子改过来。

常言道，隔行如隔山，生意场中人尤其如此。但在筲箕窝农场劳动的工商界人士却是个例外。1958 年，国家提出 15 年内实现钢产量赶超英国。同年，全国土法大炼钢运动随即而来。同年8 月底，全国钢产量 450 万吨，距离完成 1070 万吨钢产量的年度目标，缺口在 650 万吨左右，时间仅剩 4 个月。为此，全民千万群众不分行业，男女老幼齐上阵。周宝芬广州家里的后花园被征为街道饭堂，为大炼钢的市民提供伙食。全国炼钢的劳动力从7月底的几十万增至6000万人次，土高炉由3万座增至数百万座。原料多为各家各户提供的锅、盆、窗等铁器。周宝芬把家里的7个大铁闸门也拆了，捐献出来，拿到农场去炼钢。

南兴胶厂的厂长黄伟南在大办钢铁这股热潮的推动下，想起他老家云浮开采铁矿的事，便约了几个同伴在筲箕窝翻山越岭找铁矿。结果铁矿源没找到，却找到一种可以烧砖用的高岭土。但这种土和钢厂最需要的耐火砖用料对不上号，农场也没有一个人懂得耐火砖的制造法。周宝芬学化学，知道高岭土经高温可以烧制成瓷器。出于责任心，周宝芬和关铭弄来有关书籍，好像以前钻研制碱一样，刻苦钻研起来，他还将高岭土拿到当时的华南科学院，通过朋友在实验室测试起耐受温度。最终发现耐火砖的主要材料是高岭土和矽，将它们按一定比例混合烧成的砖便可耐火。但炼钢要的主要是异形砖，于是，他们决定尝试用高岭土来烧制。

高岭土和矽石如何搭配才是最佳呢？周宝芬带领大家进行摸索，还多次骑自行车到华南工学院化验所进行对比分析，经过不断调整，终于找出最佳搭配比例。大家干劲很高，全靠手工操作，初时提出"苦战15天，打砖3万块"，后来又提出超过7万块，虽遇上台风季节，也一样超额完成任务。黄伟南是胶厂厂长出身，当了锻炼车间负责人，却没这方面的工作经验，他只凭在佛山待了三天学来的办法，把风干了的砖坯砌成敞口窑，一排砖、一排煤，下垫上一层木柴。点火前不放心，又一遍遍地检查，看看砖排得是否整齐、木柴架得是否通风。点火之后，由于没掌握优质煤与劣质煤的搭配，缺乏工具检验烧制情况，只好整天蹲在窑顶看火候比例。经过三天三夜，出窑了，砖温还未完全降下，就把砖拿出来看看结果如何。第一次烧窑总算成功，砖的合格品占大多数，只不过次品多了些。

烧砖厂的想法和建设与周宝芬大学学到的知识有很大关系。读书的时候，他记得父亲想烧制刻有祖父姓名和生辰八字的骨灰坛，来装放祖父的遗骨。石湾用高岭土做陶瓷公仔由来已久，且享誉全球。在岭南大学读书时，教他工业化学的何世光教授对高岭土很有研究，何教授和石湾那里的人相熟，就介绍他去石湾，烧制了两个骨灰坛，用来装祖父和祖母的遗骨。大学期间这段烧制骨灰坛的经历，让他对黏土有深刻的认识，以至于后来在农场，一见到黏土，他就联想起可以用高岭土制砖。其实，很多知识、本领都是这样的，学的时候不知道它怎么用，但是当有事物触动或者需要时，这些知识和本领自然就会浮现在脑海中，信手拈来。所以，黑发若不勤学早，白首定悔读书迟。

高岭土可以用了，但高岭土分散在半山腰上，离工厂有很长一段山路，开采十分不便。当时没有大型机械，开采是全靠人力。这些原料都藏在约一米深的地下，需要人用铁铲，把高岭土一块一块地铲出来。这些高岭土属带有水的泥，既滑且重，每块至少十来斤。如果挖到太深，还需要一人铲、一人接力传到地面。土坑里的人最辛苦，不但要用力铲泥，还要弯腰传递土块，一天下来，腰酸背痛不用说，有时候连站着都感觉到乏力。

把高岭土挖出来固然难，而把它运出去就更吃力。农场总部通往每一处挖高岭土的地方都没有硬底路，由于这些泥路都被高岭土的水泡浸了很长时间，所以到处坑坑洼洼，泥泞不堪。这对于本来就较少从事体力劳动的工商界改造人士来说，确实是一种十分艰苦的锻炼。还好那时候大家觉悟都比较高，想法一致，精神饱满，因此，即使每天天一亮就立即到工地劳动，直到晚上六七点才收工回到农场，也毫无怨言。比如，负责采石挑沙的农场三中队场员和讲习班六中队的学员，全程3.3公里，山路崎岖，坡度陡峭，运输工具全靠一条扁担、两个竹筐。他们从未从事过较重的体力劳动，莫说挑重担，就是空手徒步走也感吃力，初时挑三四十斤，有的走不多远就已经被担子压得弯腰驼背，走几步就停一停。但大家为了社会主义建设，忍住了，并坚持下来。经过锻炼，大多数能肩负重担，走在崎岖的山路上如履平地，有的能一次挑上100多斤。遇上任务紧，还在一手拿火把，一手扶担子，远看采石挑沙的队伍有如一条火龙，大家称为"挑灯夜战马超"。

为了提高生产效率，保证耐火砖的质量，他们在开采工段制造了鸡公车、猪笼车运送材料、成品和未成品，不但减轻了强度，还大大提高了生产效率；从凤凰山顶拉了铁索，利用滑轮从高山运送原料和物品到山下厂房工地，大大减省搬运的劳力和时间。研磨车间在机电车间配合下制作了锷式破碎机、十字磨、风尘磨，以便将矽石破碎研成粉末。他们还用科学方法对每批煤的质量进行化验分析，把优质煤和次质煤合理搭配，使窑火更均匀，既使生产出来的耐火砖质量大大提高，品种规格也增多，最初只能出4角钱一块的日字砖，后来能生产出适合各种要求的异形砖。这种砖技术要求极严，几元一块。由于社会需求量大，供不应求，往往砖还未出窑，运砖的车已排起队在等候装车。后来就由市计委分配产品，除保证供应市工商联、民建会所办山村钢厂及其他炼钢铁单位需要外，还供应广州钢铁厂及其他冶金行业单位所需。

那个年代，干什么活都要争先进。为了多生产耐火砖，大家就暗自较劲，暗暗比赛运输耐火沙，看哪个小分队能够更快、更多地将耐火沙从山上运到山下的工厂。虽然大家拼命干活，疲惫不堪，但那时真的累并快乐着。有一次，在挖掘耐火沙的时候，突然有很大的石块从山上翻滚而下，幸亏发觉及时，迅速撤离，才不致造成人员伤亡。在农场负责烧砖的多是工商界的"大佬"，他们门路多、渠道广，加上当时烧锅炉又需要用到大量耐火砖，销量不用愁，砖厂生意非常红火。

第六期讲习班结业后，不少学员回到原来工作的单位。由于黄伟南对耐火砖厂建树特多，场方和南兴胶厂商量，把黄伟南留了下来，继续抓耐火砖厂的工作。在他和其他同伴的努力下，办了第一口窑，后来窑增加到 8 口。为了易于控制火候，还建起了一座倒燃窑。该厂从无到有，从小到大，全厂 178 人，由 10 月到年底，只 3 个月的时间，共生产出耐火砖 388381 块（合 1294.5吨），产品供不应求。市委管工业的副书记曾志亲自抓的广州钢铁厂的一个红二号炉用的异形砖，指定要用筲箕窝厂生产的，这使工厂同人感到骄傲。实际上，偌大的农场开销大，主要靠耐火砖厂的收入，还拥有固定资产近 6 万元。1958 年 11 月，市召开的耐火材料行业先进工作者评比大会上，筲箕窝厂的煅烧车间、碎粉工段、采坭工段被评为先进车间工段。黄伟南、李国良、杨十三、司徒铁等 16 人被评为市耐火行业先进工作者，光荣地出席了评比大会。黄伟南由于在筲箕窝做出优异贡献，市"两会"还推选他上北京参加民建中央、全国工商联召开的表彰会。

周宝芬是农场场长，带领来这里参加劳动改造的工商业者进行劳动改造才是他的主业，活本来可以少干点，但他从来没有偷懒。这源于父亲的教诲："别人交代的事情，不做好是不可以的。别人交代的任务，都要尽自己最大的力气、尽最大的努力去做好。这是做人的道德品质。如果不负责任，什么事情都不会成功。一定要负责任。"现在很多年轻人认为，拿多少工资就干多少活，但是周宝芬从不计较这些。工资和劳动看似等价交换，其实如果多付出，你自己不会失去什么，反而经常会得到意想不到的好结果。周宝芬父亲就是这样的人，他和父亲一样，做事情都认真用心。毛主席教导，没有调查就没有发言权，对于公家交给的任务，他丝毫不敢怠慢，凡事都经过调查研究，拿出几套办法，确保万无一失，尽量想办法把事情办好。

当时省市领导和知名民主人士如陈郁、邓文钊、黄洁、冯桑、马师曾、王德、曾生和焦林义等都曾到筲箕窝农场视察、参观，黄洁还送了一部推土机给农场。全国高层民主人士前来参观视察的有郭沫若、陈叔通、胡子昂和连贯，以及全国最大的资本家、个人拿定息最多的江苏省副省长刘国钧。据罗培元介绍，当年刘国钧先生到访，在午饭时听了他们讲到筲箕窝原来是土匪藏"参"的山窝子，孙中山的侍卫长也闻"窝"色变的时候，他呵呵大笑，说这是广州市的工商界把往日的土匪窝改成安乐窝了。这句话在工商界中作为刘先生的鼓励之词传开了。如今这个广州几千名工商业者轮流劳动打造出来的"安乐窝"，已经发展成为全体中国特色社会主义建设者的"安乐窝"。

1958年5月5日至23日，中国共产党第八届全国代表大会在北京召开第二次会议。会议提出"鼓足干劲、力争上游、多快好省地建设社会主义"的总路线。

筲箕窝农场生产经营步入正轨后，1959 年夏，中共广州市委统战部负责人告诉周宝芬，他在"广交会"期间结识的香港朋友（六对夫妇）想约周宝芬夫妇到苏联旅行，问他们是否愿意参加。周宝芬觉得这是一个增进相互间认识、了解和友情的难得机会，值得参加。于是回到家，马上就和爱人李仪商量这件事。没想到他还没有说完，李仪就表示非常支持，说："一年多你办农场起早贪黑，特别辛苦，也应该出去走走，休息休息，散散心。"就这样，他们自掏腰包几千元参加这次旅行。

这是我国一个高级工商界人士代表团。团长侯甸，时任广东省文化局局长；副团长费彝民，时任香港《大公报》报社社长，全国政协委员，中华全国新闻工作者协会副主席；成员有邓文钊，时任广东省副省长、民建广东省委主委；王宽城，时任香港中华总商会副会长；叶若林，时任香港中华总商会副会长，当时主要负责从事大陆蔬菜、鸡蛋等副食品的供港业务；李崧医生，是收集 1911 年 3 月 29 日广州起义牺牲的 72 具烈士遗体、埋葬于黄花岗的潘达微的女婿。周宝芬和李仪既是最后加入旅行团的夫妇，也是全团年纪最轻的一对夫妇，所以就有团友开玩笑说："老周，你变牛郎了，七仙女下凡，你变成董永了。"

这个中国高级工商代表团每个成员都是持外交护照，从各地赶往北京集中，入住北京饭店。时值喜迎新中国成立 10 周年庆典，代表团还参观了北京中苏友好展览馆（今为北京展览馆）等地方。期间，周宝芬还随邓文钊副省长，拜访了国民党著名"左派"廖仲恺先生的遗孀何香凝先生。邓文钊副省长是何香凝的侄女婿，廖承志的表姐夫是香港《华商报》的出版人。香港《华商报》创办于 1941 年 4 月 8 日，是中国共产党在香港创办的第一张中文报纸，首任社长范长江，首任主笔张友渔，首任编辑部主任廖沫沙，不是大名鼎鼎的记者，就是学者与文豪。当时，何香凝先生担任全国人大常委会副委员长、全国政协副主席、全国妇联名誉主席、民革中央副主席。她不仅是一个革命家、社会活动家、妇女运动先驱，而且还是艺界泰斗、画坛巨匠，时任中国美术家协会主席，擅画山水、花卉，尤工狮、虎、鹿、鹤等动物，她给每对夫妇都赠送了一幅《虎》（仿作）。当日拜访，廖承志也在场与他们畅谈交流，廖承志当时担任华侨事务委员会主任。

代表团从北京机场出发，乘坐苏联图101客机，坐了10多个小时才抵达苏联首都莫斯科。第一站在莫斯科参观，代表团住在莫斯科北京饭店，参观间隙里周宝芬还不忘学点俄文。苏联是高纬度国家，莫斯科纬度及后来访问的几个国家纬度都不低，加上是夏季，每天凌晨3点钟不到天就亮了，夜晚10点多了天还是亮的。整整一个月，代表团起早贪黑、早出晚归、马不停蹄，见识了苏联社会主义建设新貌，还去了罗马尼亚、捷克斯洛伐克、罗马尼亚、匈牙利等国家，考察了这些东欧社会主义国家建设基本情况，收获还是比较大的。

苏联考察回国不久，中共中央发出"大办农业，大办水利"的号召。下放的学员们见筲箕窝农场里面有一小口水塘，没积多少水，想动手在出水口处打桩培土，因地制宜，筑堤坝建成小水塘，可养鱼也可灌溉。可是由于没经验，初时发现堤坝漏水，这里堵，那里塞，直到不漏了，大家才松了口气。大家还考虑在堤上种柳树和花草，可是夏天下了一场大雨，堤坝全给冲垮了。市农委主任侯采苓来农场，大家正为水塘堤坝被冲垮，议论是搞修修补补，还是用多点水泥另筑水泥堤坝呢。侯主任说，小打小闹花钱不值得，要搞就搞大的，在凤凰山和狮神岭中筑个大水坝，把整个筲箕窝都变成水库，既可蓄水又可养鱼。他这一提议，把原先的小打小闹的想法冲到九霄云外去了。

郊委支持农场，连水库淹没的水稻田也不用补偿，这刺激了大家的胃口。王德书记也到农场视察，人们谈起建水库的事，他也鼓励大家搞个大的，既有山又有水，对农田耕作有利，又可以将龙眼洞变成一个有山有水的风景区，将来把路铺好，可搞个高级的华侨新村。他这个建议，在场的人听了都欢呼雀跃起来。市工商联、市民建在商议时，少数人担心人力财力不继，搞起头来，收不了尾，况且搞农场已花了一大笔，怕大搞要动用到合营企业的公益金，群众有意见。但多数人还是同意搞水库，可以从将来的收益补回来。修水库的事总算定下来，罗培元部长专门找周宝芬谈话，希望他带队建水库。周宝芬愉快答应后，上级马上任命其为筲箕窝水库（今称"龙洞水库"）工地总指挥，罗周为工程师。罗周当时在市水利局当工程师，是周宝芬的同学，罗周主要负责筲箕窝水库的设计。中共书记是钟伟（前任）、童文彬（后任）。筲箕窝水库最早设计的水坝是土坝，而不是后来水力充填法的大坝。水库堤坝建在鱼沙坦到龙洞的入口处，征地295亩，土方工程20多万立方米，基建投资97万多元，其中近66万元从市工商联互助金和历年会费结余中筹措，31万多元为国家投资。

市工商联用会费买了台胶轮车，就是有两个轮的那种，同时找部分人用锄头去锄泥，锄出的泥土用胶轮车运到坝址堆高，然后用碾路机去碾压修坝。每日如此，反复不断。在市各民主党派、市工商联发动组织的成员及机关干部义务劳动下，大坝慢慢升高。参加修坝的劳动者刚到筲箕窝，要带枪加以戒备，因为其时那一带多有野猪出没，盗贼也比较猖獗。有一次，他们刚种好的菠萝地，就被野猪一夜之间拱没了。

水库修成前，周宝芬有一次差点丢了性命。在大坝合龙截流前，大家对河道进行引流，可惜那几天天公不作美，竟下起滂沱大雨，导致山洪暴发。眼看洪水就要冲毁堤坝和引流渠，所有人赶紧运送土石沙包，加固堤坝，最终化险为夷，保住大堤。

当时，周宝芬是总指挥，在现场参与抢险，市工商联有个叫刘光的干部，在泄洪槽边不断地加沙包，防止洪水冲毁堤岸。可能由于工作时间太久，周宝芬见他鼻青脸白头冒汗，快顶不住，就叫他上来休息，自己下去替他。童文斌书记见这个总指挥带头跑到工程最前线、最危险的地方，便紧跟着一起冲到最前线。没想到，周宝芬刚踩下去不久，洪水就汹涌而至，冲垮了他脚底站立的石头，一个趔趄，身体突然失去平衡跌落水里。说时迟，那时快，童文彬眼明手捷，伸手就拉住周宝芬的手，使出全身力气将他从洪水的鬼门关拉回来。后来因为这件事情，周宝芬还受到批评，但现场容不得想太多，抢险及保护人民的生命安全才是第一位的。周宝芬说，如今回想起来，还是比较幸运的。回顾人生的几次遇险，都有贵人相助，安然度过，真是吉人自有天相。

水库建设过程中，苏联对我国发展实行封锁，不仅撤退了所有专家，而且还禁运物资。原来修建筲箕窝水库不存在的物资问题，此时成为最头痛的问题。大家只能期待香港同胞在物资方面向我们伸出援手。"屋漏偏逢连夜雨，破船又遇打头风"，此时自然灾害也肆虐全国，国家步入"三年困难时期"，物资由中央统一分配，普通群众的经济生活很难得到保障。但偏远的圩镇还是有自由市场。周宝芬的弟弟为了让家人的日子好过一些，经常周末一大早踩自行车到花县（今广州花都区）自由市场买鸡鸭鹅肉。其时，自由

童文斌（左二）

市场的物品价格比国家凭票供应的物品贵很多。

恰好这一年，香港中华总商会成立 80 周年，广州市组织代表团到香港参加庆典，周宝芬太太李仪当时担任市工商联副秘书长，是代表团其中一个成员。她到香港公务之余，探访夫妻双方母亲，并陈述了家中的困难生活。两位母亲知道他们在广州的艰辛后，周妈妈隔三岔五从香港寄回食品救济。周宝芬的岳母每个月也从香港背一袋东西到广州，有面粉、油、糖和奶粉等。当时，广州许多有钱的人家都跟周宝芬一样，靠香港和国外亲戚朋友接济物资度日，能定期得到香港亲友经济接济的广州家庭都被赞有"南风窗"。

水坝的修筑，关键还得靠挖土机、运土机等大型机械。情急之下，周宝芬到处找门路租机器，后来总算租来几台挖土机、运土机和推土机，但却没有柴油和汽油，无法使用，真是"巧妇难为无米之炊"。此时，周宝芬已经在市工商联当了几年副主委，接待过多批香港工商界的朋友，而且经常有来往。当水库大坝建到三四米高的时候，过去接待过并成为好朋友的香港的黄兆丰知

87

道他正忙着修水坝，就主动来到筲箕窝看望他。闲谈中黄兆丰知道农场租回来的机器无法派上用场，急需柴油和汽油。黄兆丰回到香港后，用最短时间自己掏钱买了两辆军用货车，给水库工地用来运送物资，同时发动其他香港朋友捐资购买 10 桶共两吨的柴油给工地使用。周宝芬自己也请人在香港买了 5 桶共 1 吨汽油，支持筲箕窝水库建设。柴油有了以后，工地指挥部就同土方大队签合约，要求对方帮助完成 5 万土方任务，并提供三四台推土机给工地用。至此，修建筲箕窝水库再次步入了正轨。

眼看 5 万土方工程就要完成时，大庆发现油田，中央下令征调全国各地大型机械化队伍支持大庆油田的开发建设。就这样，正在帮助工地修建水库的土方大队只能带着他们的推土机转战大庆。筲箕窝水库工程一时进退两难。原本水库大坝设计是 20 米高，已经完成了 16 米，完成工程量的 80% 左右。从大局出发，坚决执行中央调拨令这是必须的，但是水库难道就此停修吗？不，建设者们挑战没有机械照样干的信心，坚定了工地指挥部依靠人力也要建好水库的决心。

1961 年，经济最困难期刚过，人们米饭还都不是餐餐有吃，更不用说吃饱。因此，工地上许多建设者基本上用禾秆草当面包充饥，弄得整个人都水肿。倘若这样下去，大家怎么还有力气去挑泥土填水坝呢？停止修下去吧，万一下大雨，水库蓄水多了，肯定要决堤。决堤的话，下游渔沙坦以及附近的上百户村民和房屋，可能一夜之间就全部被大水冲走，那周宝芬的建设团队责任就大了。

为解燃眉之急，工地指挥部在水坝顶部 16 米处，挖了一条泄洪槽，防止水库蓄水过多。另一方面，周宝芬决定到省水利厅寻求帮助。他找到水库修建顾问、时任省水利厅副厅长、水利专家麦蕴瑜，说明箓箕窝建一个水库，工程量只完成一半就没有了机器帮助推进的情况，正不知所措，希望省水利厅能帮忙解决困难。麦蕴瑜劈头盖脸就说："谁批准你们在那里修建水库的？马上炸了！"此时，周宝芬似乎才明白，这个修建龙洞水库"顾问"本人可能并不知情。周宝芬只好如实说："我自己也不知道啊。反正是广州市委统战部叫大家修的，大家就修了，也不知道报备，更不知道要跟省水利部门报批。现在已经修到七八成了，炸了可惜，毕竟有1000多人在那里劳动了一年多，怎么能随便放弃呢？听说麦老您还是我们的修建顾问呢！"麦蕴瑜说："我怎么没听说过当你们修建龙洞水库顾问这件事呢？你们修建水库没有经过论证，也没有疏散下游群众，非常危险。现在又到了雨季，你不肯炸坝，那就找解放军去抢险吧！"周宝芬吓得半死，赶忙解释说："现在工程干不下去而已，也还没到需要抢险的时候。您是顾问，还是要问问的。"

经过反复解释，麦蕴瑜终于同意给工地指挥部派个工程师，名字叫徐家昆。徐家昆工程师向周宝芬介绍了一种方法叫水力充填法。这种办法就是在不太需要劳动力的情况下，用炸药、雷管炸松水坝两边的山土，再用高压水泵将山土冲到大坝上，这样山土堆积起来，就可以完成大坝。周宝芬听后觉得很新奇，就向他借了美国人写的那本《水力充填法》回家研究。不看不知道，一看吓一跳，原来那本书的前面讲的都是水力充填法失败的案例。周宝芬赶紧回复他说，这个办法不好吧，美国用这个办法修建的前十几个坝都是垮掉的。他说不要着急，慢慢看下去，书上有介绍很多成功的例子，看后果然如此。

后来筲箕窝水库的水坝基本上就是用水力充填法修建成的。当时，省水利厅大概给了工地 800 公斤炸药，周宝芬让人在山上用铁丝网把炸药围起来，装到山腰，一炸，果然周围的山土松动了。所有人再用一些木棍，在山的两面搭起了四条凹槽，再买高压水泵将水冲到泥土上，泥土就带着水，沿着凹槽流到大坝上，在流动过程中，粗的泥石自然最先沉到下面和外面，小的泥石就会留在中间，刚好在外面和下面的大泥石就可以抵御水流的冲击。大坝迎着水库的那一面（迎水坡），修建成 45 度角，比较陡峭一点；背水的那一面（背水坡）就修得缓一些，大概 30 多度角。这样能更好地抵抗水流冲击。

其实，修建水库那段时间，周宝芬日夜提心吊胆，特别怕下暴雨，如果一下暴雨，这个水库就前功尽弃，而且水库下游有 100 多户人家，大坝冲毁了，这些人肯定有生命危险。"因为当时修建水库是一项具有危险性的工作。其他地方修建水库都出现了安全事故，但是我主持修建筲箕窝水库的时候，这么大的工程量，没有造成人员死亡，只是人员受伤。也没有大规模地搬迁群众，只是让 4 户人家搬离库部，重新给他们安置了家，然后撒石灰粉进行消毒后，再修建水库。"

龙洞水库在修建过程中，当时省、市各民主党派负责人方少逸、王起、许崇清、梁尚立、梅日新、伍觉天、黄友谋、林东海等均曾亲临现场视察并指导工作。中共广州市委第一书记王德同志更是多次亲临农场水库和耐火砖厂帮助解决问题。王德书记每次到场，都对全体参加劳动的人员讲话，给予很多鼓励。副市长焦林义也到过现场视察并帮助解决具体问题。这就使得整个施工过程中遇到的困难都能够及时得到解决。

龙洞水库工程从 1960 年 3 月动工，1961 年初工程截流后开始发挥作用，1963 年 2 月，水库全面竣工投入使用。水库建成后，库容 300 万立方米，面积 400 余亩，下游渔沙坦地区避免了洪水之灾，100 多亩因洪水冲刷不能耕种的土地变为良田，灌溉受益土地近万亩。水库的建成，大大改变了筲箕窝地区的面貌，为该地区和下游地区的工业农业和旅游事业的发展打下了基础。

龙洞水库的建设，其中工商业者出力独多，包括市政协的工商业者政治讲习班学员，参加劳动的共计 3627 人次，市政协及各民主党派、有关人民团体干部以及工人、农民、学生、华侨等也都参加了劳动。每个人参加劳动时间长短不等，但都视为为社会主义做出了贡献，并且加强了自身锻炼，培养了工农感情。1963 年 2 月，龙洞水库正式落成并投入使用。"龙洞水库"的名字则是 30 年后，1993 年由中共广州市委原第一书记王德题写。

至于筲箕窝农场，经过近 4 年的自力更生和艰苦创业，到 1962 年，2000 多亩荒山野岭被开辟为耕地、景区，其中水田 200 多亩，苗圃 25 亩，种植杂粮和油料作物 160 多亩，果树 8 万多株。1960 年至 1963 年的 4 年间，农场的农业生产总值达 7.2 万多元，工业生产总值达 85 万多元，另外还建有耐火材料厂一间，经济效益可观。1963 年 4 月 23 日，广州市工商联和市民建决定，同意将农场撤销，所有物业产权归并筲箕窝水库管理，水库业权仍属国家和市"两会"投资，并更名为龙洞水库，成立龙洞水库管理处，移交郊区水利部门管理。

1964 年和 1965 年，全国人大常委会副委员长郭沫若曾两次游览龙洞水库，并留下两首诗。第一次是在 1964 年夏天，即筲箕窝水库建成的第二年，广州市委统战部副部长和周宝芬等人，陪同他到水库进行视察。郭沫若参观后题诗一首："团结一心同劳动,全凭双手造天堂。牧场蕃蔗饶牲畜,山影联翩有凤凰。万木欣欣松作主,一湖滟滟碧生光。闻道茶山三百顷,不教龙井擅专长。"诗的首句赞扬各民主党派、工商联在党的领导下,团结一心,克服恶劣环境、缺少大型机械、食不果腹等困难,依靠共同协作共建水库。第二句描述筲箕窝农场建好后美丽富饶的景象。"凤凰"指凤凰山,位于水库东边,山顶上有一块天然大草坪,传说有凤凰在此栖息。第三句写了树木葱郁,倒映在湖山山色间,惬意安然。第四句谈到在凤凰山山腰种有茶树。

1965 年,郭沫若和夫人于立群在时任广州市委统战部部长罗培元等人的陪同下,第二次到筲箕窝水库视察,又留佳作一首。在场人员回忆说,当时郭沫若说印章不在身边,以后再盖印,结果后来一直没盖印。该幅字用镜框装裱,现在还挂在广州市工商联合会会议室:"奔舟我喜寻诗乐,游泳人争入水先。畜牧场中黄犊壮,凤凰山上白云悬。风来松岭千章绿,雨落平塘万点圆。龙洞茶园新种就,惜无岛屿足盘旋。"郭沫若视察当天,刚好沙河公社(今天河区沙河街道)民兵团民兵从天河机场行军拉练到龙洞水库。这时,郭沫若和夫人于立群恰好在罗培元等人的陪同下,在龙洞水库游泳。民兵们请郭沫若给大家讲话。郭沫若走到民兵队伍前,微笑挥手,向民兵问好,说:"你们响应党中央和毛主席的伟大号召,大办民兵师,一边生产,一边练兵,随时准备和人民解放军一起共同作战,军民团结如同坚实的巨石。如果美国佬敢来打我们,就是鸡蛋碰石头,碰得他们粉碎!"(参见《广州文史》)

期间,全国著名工商界人士陈叔通、胡子昂、刘国钧等都曾前来参观,对工地人员勖勉有加。后来广州市政协在龙洞水库边上修起一座招待所，有 10 个房间。周末的时候，周宝芬和工商界的朋友经常结伴到水库游泳，有时候还租船到水库中间打鱼。"龙洞水库拉开水闸的话，一天可以流出 86400 立方米的水。有一年放开水闸，放了一半的水。他们在水库底下挖了一个消力池，在池底装上铁丝网，水流出去后，很多鱼就留在水坝里。这样就有鱼可以吃，那里的鱼很新鲜很好吃。龙洞水库那边山区也没什么人住，水库里面的水既清又甜。"

十年浩劫期间，受"四人帮"鼓动，不明就里的一伙人竟将水库变成迫害当年积极参加修建水库的"开荒牛"以及其他爱国民主人士的"大牛棚"，龙洞水库变得前所未有的萧条和冷落。直到粉碎"四人帮"后，龙洞水库才恢复了往日的葱茏，重现勃勃生机。20 世纪 80 年代初，箩箕窝农场的所有设施都拨归广州市委接管，改为市委第一、第二招待所，后又改为龙洞宾馆。1985 年又将宾馆拨给广州师专用，作为培养师资人才的摇篮。

经过各方提议和多方努力，龙洞水库纪念碑 1993 年 2 月竣工。纪念碑高 6 米，宽 7 米，座基占地 70 余平方米，四周以石栏杆护围，依山傍水，气势恢宏，具有浓厚的民族建筑风格。原广州市委统战部部长、第六届市政协主席罗培元亲自撰写碑文——《广州龙洞水库建设碑记》，著名书法家李伟以隽秀的笔法书写了碑文，石刻家曾宪就精心把碑

周宝芬在水库纪念碑落成仪式上讲话

文雕刻在十多块黑色的云石上。金光闪烁的碑文记载了建设龙洞水库的丰功伟绩。

诚如碑文所述："广州市工商业者为响应中国共产党大办农业水利号召，于1958年至1963年间先后斥资百万，另外市政府拨款31万元，在市郊筲箕窝荒山僻野建成农场一所水库。水库实为共产党领导的多党合作建设社会主义取得成功之产物，观一滴而知沧海，不断完善中国共产党领导的多党合作之政治协商制度，必能建成伟大而有中国特色的社会主义国家。"

在纪念碑揭幕仪式上，周宝芬发言说："岁月悠悠，三十年过去了，当年参加农场和水库建设的人，如今已垂垂老矣，唯有青山依旧，绿水长流。它是当年艰苦创业的历史见证。感谢中共广州市委和广州市政协斥资修建龙洞水库纪念碑。诚如碑文所载：'龙洞水库实为共产党领导的多党合作建设社会主义取得成功之产物。'我相信，只要我们坚持党的基本路线，不断完善中国共产党领导的多党合作和政治协商制度，调动一切积极因素，团结一切可以团结的力量，就一定能建设好有中国特色的社会主义祖国。"而立碑记前一月，罗培元与周宝芬等再游龙洞水库时，曾赋诗一首："老看移山筑坝横，当年意气莽然生。留痕略记同风雨，可得来人一步停？"

周宝芬和建设人员重访龙洞水库

1962 年，周宝芬终于得到批准，赴香港处理父亲遗产。返回广州后，周宝芬担任新组建的广州市人民政府第一轻工业局副局长，同时兼任广州市工商联副主委。其实，1961 年，组织已经批准周宝芬到香港处理父亲的遗产，由于手续繁多，办了两个月都没有办好，周宝芬只好先返回广州。1962 年，再赴香港续办遗产。办妥后周宝芬分到的遗产包括一栋楼和两栋房屋。他委托曾任岭南大学教授、时任新华银行行长的徐湛清帮忙收租，一年租金约两万元，这在当时是一笔很大的收入。

第六章　相信自己，总会有出头之日

　　《孟子》曰："天下之本在国，国之本在家，家之本在身。"周宝芬在"国家好，民族好，自家才会好"的家国情怀熏陶中成长起来，深知只有把"小家"和"国家"同声相应、同气相求、同命相依，才能从中感悟"舍小我成大我"的历史担当，才能"吾志所向，一往无前，愈挫愈奋，再接再厉"达到实现"中国梦"的彼岸。

　　1962年1月11日至2月7日，中共中央在北京举行扩大的工作会议。参加会议的有中共中央，中共各中央局，中共各省、直辖市、自治区党委及地委、县委、重要厂矿企业"五级领导干部"和部队、负责干部7000多人。因此，这次大会又称为"七千人大会"。会上，刘少奇代表中共中央做书面报告和讲话，初步总结了1958年以来社会主义建设的基本经验教训，指出全党当前的主要任务，是踏踏实实、干劲十足地做好调整工作，并认为1962年是对国民经济进行调整工作最关紧要的一年，必须抓紧。会上，毛泽东做了讲话，着重指出必须健全党的民主集中制，必须在总结正反两个方面的经验的基础上，加深对社会主义建设规律的认识。大会发扬了民主，开展了批评和自我批评，强调要恢复党的实事求是、群众路线的优良作风，要健全党内民主生活，加强集中统一。

这一年，周宝芬离开广州市工商联筲箕窝农场。第二年，也就是 1963 年 9 月，周宝芬被安排到北京中央社会主义学院参加第五期学习班的学习。接到学习通知后，大概是 8 月中旬，周宝芬乘坐飞机去学院老校址报到，开学仪式在 9 月 10 日。这一期学习班学员共 300 多名，以工商界、民建人士为主。1964 年 7 月中旬学习结束。周宝芬在这里学习进修一年，连 1964 年春节也是在北京度过的。时任院长是吴玉章，被尊为中共"五老"之一，是无产阶级革命家、教育家，第六至第八届中共中央委员、第一至第三届全国人大常委会常委、第一至第四届全国政协常委，还是中国人民大学校长。

学习班学习的主要内容有：毛主席的《矛盾论》《实践论》《关于正确处理人民内部矛盾的问题》等一些理论著作、马列著作，同时还有党的路线、方针和政策，以及政治时事形势等。给同学们授课的老师水平比较高，比如来自中国人民大学哲学系的肖前教授讲授辩证唯物主义原理、历史唯物主义原理，深入浅出，通俗易懂，全面透彻，令周宝芬印象十分深刻。

那时国家经济刚有起色，但还是比较困难，学院领导与教职员工十分关心学员们的学习与生活，在膳食与住宿方面想了许多办法，尽可能满足来自全国各地学员的需要，使大家感到学院就是自己温暖的家。学院在学习内容、课时安排、学习方式上也安排得周到、灵活且充实。1963 年至 1964 年间，北京中央社会主义学院的这次学习，对周宝芬来说时间不长，但对其日后的人生发展、灵魂教益、世界观改造、思想觉悟提高影响特别大，使他的政治、思想、理论水平以及理解把握大局的能力都有了质的变化，格局高了、视野宽了、思想沉稳了，对此后他个人的学习、工作、生活，尤其是"文革"期间的表现产生了极大的影响，可谓是"学习一载，受益终生"。学习刚结束，得悉母亲病危，周宝芬马上回到广州，不久母亲去世。

通过学习，周宝芬思想觉悟有所提高，认识到革命工作不能挑肥拣瘦，不能自己想做就做，不想做就少做甚至不做。他真正觉得既然组织上让自己身兼两职，是组织对自己的信任，如果自己只顾一头，就是辜负了组织对自己的信任。其实，市第一轻工业局对他是充分信任的。当时的局长周鼎，是江苏阜宁人，改革开放后，曾任深圳市委副书记、常务副市长、市人大筹备组组长、新华社澳门分社社长，当过澳门特别行政区基本法起草委员会副主任和第七届全国政协委员。周鼎是一个干劲十足的人，工作特别认真，对周宝芬也十分关心，让单位专门给他安排一个办公室。

到市一轻局上班后，周宝芬按照周鼎局长的要求，先后去到菠萝罐头厂、糖厂、啤酒厂等十几家企业考察调研，深入不同类型企业和生产一线，了解生产存在问题，掌握生产情况，推动生产发展，仔细察看生产工艺流程，了解具体业务，并根据自己的学识与经验发现生产中存在的问题，给出个人见解，以支持企业的发展。当时，周宝芬去到一家烟厂，了解到那时全国各地种植烟叶的技术还没有过关，广泛种植有难度，需要大量进口国外烟叶。国产烟叶以黄烟为上乘，一种是出自广东南雄的叫"南雄烟叶", 有300多年的种植历史, 曾一度远销67个国家和地区; 一种是出自云南的叫"云烟"。这家烟厂制烟比较讲究, 先将烟叶分层置放于箱中, 然后在每层烟叶之间洒上水, 之后存放三年, 经这样置放过的烟叶味道纯正而不辣。

掌握了这个情况后, 周宝芬找来烟叶研究所的技术人员, 指导其先将买回来的嫩烟叶拿去制烟, 然后把过去要废弃的烟叶秆用水蘸泡, 继而又用蘸泡烟叶秆的水蘸泡烟叶的替代品, 这样烟叶的替代品就有了烟味, 最后再把晒干过的烟叶替代品去替代烟叶。烟叶研究所采纳了他的建议, 马上试验, 发现此法可行, 生产出来的香烟虽然没有烟叶生产出来的香烟好, 但可以抽。"我就是这样一个人, 遇到问题就喜欢钻研, 看能否解决。其实, 这些问题如果能有新办法解决最好, 就算解决不了, 也是一种研究, 收获也颇丰。我看这也算是现代企业产学研的一个雏形吧。当然, 现在研发新产品的投入很多, 如果失败的话, 可能损失惨重, 我们那个时候, 研发失败就失败了, 损失的成本也不高。"

"文革"爆发的那一年, 周宝芬43岁, 已过不惑之年, 很多事情已然看开。尤其是对待不幸的事情, 看不开解决不了问题, 只

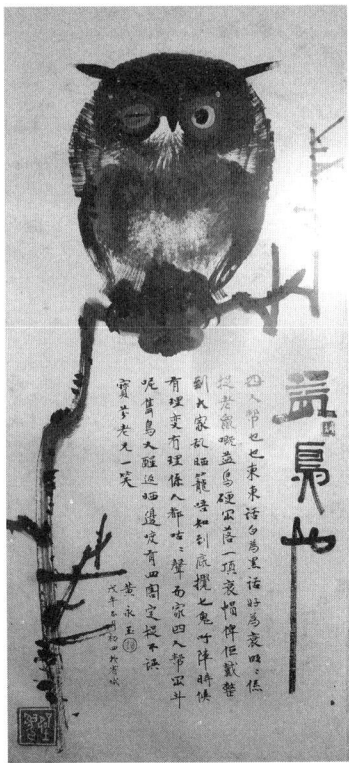

黄永玉赠画

会害了自己。相反看开了，做到理解的执行，不理解的也要执行，恐怕还不失为一条通往光明的正路。"文革"结束，著名画家黄永玉画了幅《一只黑色猫头鹰》的画送给他，这幅画周宝芬一直挂在广州家中的客厅里。

"文革"期间，周宝芬家里日常生活发生翻天覆地的变化。由于收入大幅缩减，整个家庭生活出现了严重困难。原本工资每个月200多元，"文革"开始后降到50元，其中周宝芬20元，爱人和女儿各15元。个人资产和家庭存款被冻结，无法拿出来补贴家用。后来只好搬到李仪干爹家中，寄人篱下，靠香港亲戚的资助度日。

那时候，周宝芬被要求每天去市工商联机关为住在那里的红卫兵煮饭。虽然自小就会煮肥皂，但对煮饭他却比较陌生。不过，对于一贯干一行、爱一行、学一行的他来说，并不感到有多困难。一开始，他主动虚心请教厨师，不久，就知道煮一斤米要加两斤水，这样煮出来的饭口感刚刚好。每天一大早，周宝芬来到礼堂，先将米洗好后舀到大锅里，加上适量的水后，找一根木头封住锅盖，再生火煮饭。开始煮得还是没有那么好吃，后来经过反复琢磨，掌握了火候，米饭煮得又熟又香。周宝芬说："回想当年往事，感触良多，如果没有这段煮饭经历，可能我一辈子都不会做饭。这就是发生在那个年代的无奈又自豪的事情。"

除了煮饭，他还要洗咸鱼。咸鱼是用粗盐腌制的白带鱼，干煎带鱼需要先将带鱼表面白色的东西清洗干净。所谓术业有专攻。他是做肥皂出身，炒菜、洗白带鱼等厨房工确实没做过，不知道应该如何下手。记得刚开始洗白带鱼的时候，有一次不小心，手碰到鱼齿，被倒钩的鱼齿钩破手指，十指连心，针扎一样，流了好多血。联想当时的际遇，肉痛心更痛，突然冒出一句"咸鱼都咬人"。幸好没有人听见。事后，他又好像事情从没有发生过一样，觉得无所谓了。

1968 年，从周宝芬家中查获一张为香港"反英抗暴运动"捐款 1 万元的票据。一开始还以为是他私通境外的"罪证"，后来，经与当年发行的《人民日报》和香港报纸上刊登的新闻核对，才知道这是他响应中华全国总工会的号召，捐款支持香港工人举行反英抗暴的善举。当时全国总工会共捐了 2000 万元，周宝芬自己就捐了 1 万元港币。这个不经意的"查获"，对他来说是个利好消息，人们知道他是爱国的，因此后来的干部都对周宝芬比较客气。其实如果不是被人发现这张票据，他自己都忘记还有捐款这一码事了。

"文革"前的广交会，周宝芬作为广州著名工商业者，又有香港关系和企业经营的背景，每年都会临时被调去广交会第三接待办负责侨商港商的接待工作。当时，广交会有三个接待办公室：第一接待办公室主要负责接待大部分的外国人；第二接待办公室专门负责接待日本人；第三接待办公室主要对口港澳侨工商人士。他负责第三接待办公室的工作，但办公室大部分人员编制都不在交易会，基本上都是各有关单位临时抽调去协办的。最初，第三接待办年年在华侨大厦租一个大套房，负责港澳侨工商界朋友的日常服务，比如买车票、订酒店、参观、游览等等。

1968 年至 1970 年，周宝芬暂停到广交会的工作。1970 年，他恢复工作，第一件事就是参与广交会的接待工作。广州市因地处祖国南大门，毗邻港澳，华侨众多，加上穗、港、澳三地工商界经贸关系悠久且密切。接待人员当中除周宝芬之外，还有很多人与港澳地区、海外有一定的联系。周宝芬充分利用"广交会"这个平台，通过个人的努力和各种联谊活动，加强与港澳侨工商界人士的联系，铺路搭桥，协调关系，主动配合有关部门做好引进资金、技术和人才等工作。

改革开放初期，广州市工商联主委梁尚立就是利用自身独特的港澳关系，将中国大酒店引进广州。中国大酒店是我国第一家利用港资、聘用外国人任总经理的中外合作企业。它既引进了国际先进的施工机械技术，又引进国际高级酒店的经营管理方法，为日后国内酒店业培养了一大批管理人才，为中国酒店业的蓬勃发展奠定了坚实的基础，是我国早期引进项目中一个成功的范例。

1970年，周宝芬恢复工作时，省、市人民政府委员会被革命委员会替代，革委会有下属四个小组，其中最厉害的是外事组。周宝芬和外事组的人说，香港工商界的朋友到处去参观，做接待工作的人却什么地方都没有去过，也不能参加，这明显不利于工作沟通。其时的接待工作没有现在这么复杂，工商界的朋友参加一天广交会后，就会到处去参观学习或者旅游，所以当时很多生意和想法都是在游乐中促成的。于是外事组的同志就答应带他们这些主要做接待工作的工商界人士一起去，不过要求自费。

这时，钱对周宝芬来说已不是问题，工资已如数足额发放，家庭存款解冻，家人偶尔也会从香港寄钱过来。外事组负责同志组织这批对外工作的人士外出参观，让他感到很开心。1975年暑假，他带着还读初中的女儿，先去游览桂林风景区，再去长沙参观毛主席故居，后来还去了天津。从天津坐火车到山西荥阳县途中，因为火车烧煤，所以过娘子关时所有人都被喷得一脸黑灰。

下火车后，可能是当地缺水的缘故，只倒了一盆水给大家洗脸洗手，等大家洗完后，那盆水早就黑了。

1976 年 10 月 18 日，中共中央发出《关于王洪文、张春桥、江青、姚文元反党集团事件的通知》，标志着历时 10 年的"文化大革命"就此结束。

1978 年改革开放，包括大哥等好多亲戚朋友都回到广州看望周宝芬。周宝芬只有一个女儿，高中毕业后，因为是独生子女的缘故，不用"上山下乡"，周宝芬就把她安排到当时市一轻局所属的一间手表厂当装配工。后来她跟着舅舅到了加拿大读书，并在那里结婚定居。

第七章　首开全国尚未完全开放接受爱国港商捐资的先例

"分其私以与人为公"就是"正直无私，为大家谋利益"。自从带头公私合营成为公家人后，周宝芬就再也没有把自己当成是"党外人士"。在他心中除了公家利益还是公家利益，所以对公家的事特别上心、有心、用心。

粉粹"四人帮"后，社会环境宽松了许多。第二年，即 1977 年秋季，中国出口商品交易会期间，一直与广州工商界有密切交往的爱国港商邓焜先生，在和梁尚立喝早茶的时

1978 年 10 月 29 日，由香港同胞邓焜、刘浩清捐资引进美国设备和良种鸡苗的广州市机械化养鸡场建成投产。该养鸡场为中国第一座机械化养鸡场

候，向梁表示，"文革"已经结束，国家提出建设"四个现代化"的宏伟目标，他和广大香港同胞感到十分振奋，深受鼓舞，希望为广州"四化"建设兴办项目提供财力支持。在商谈具体项目时，梁尚立说："目前广州副食品都要凭票供应，尤其是鸡蛋，由于要保证香港市场的供应，即使有票也很难确保，内地其他市场鸡蛋供应更是困难。"而在另一个早茶会，周宝芬则与爱国港商、石油巨子刘浩清先生交谈，向他介绍广州人民吃鸡蛋难、吃鸡更难的情况。刘浩清先生听后很感兴趣，还向周宝芬推荐了人称"鸡博士"的许志俭先生。刘先生说许志俭是养鸡专家，也来参加交易会。通过梁尚立和周宝芬两人的工作，刘浩清先生、邓焜先生初步决定出资，许志俭先生初步决定出技术，为广州捐建一个"机械化养鸡项目"。

和他们谈妥后，梁尚立和周宝芬马上找到当时主管统战工作的广州市委书记罗范群汇报此事。罗书记毕业于中山大学，"文革"前担任过广东省委统战部部长、副省长，属统战口老领导，也是一位十分关心支持侨务工作并积极推动华侨参与社会主义现代化建设的好领导。他听取汇报后，特别强调这个项目有利于尽快解决广州市的鲜鸡蛋供应问题，是一件利民利国的好事，市委、市政府将全力支持。罗范群要梁尚立和周宝芬抓紧操办。后来，罗范群还亲自挂帅主持筹建这个捐办项目，多次接待邓焜、刘浩清、许志俭，多次与梁尚立和周宝芬两人交换意见，共商筹建捐办的机械化养鸡场的事宜。最终经省有关部门上报国务院侨务办批准，同意广州接受捐建。

得到广州市委和罗范群的首肯，周宝芬和梁尚立马上对捐建工作进行分工。梁尚立主要负责落实邓焜，周宝芬负责对接刘浩清、许志俭两人。在交流中，许志俭说："美国 1 只鸡每年平均可以生 300 个蛋，而中国普通人家养的鸡每年只能生几十个鸡蛋，要满足中国人吃鸡蛋的需求，需要发展机械化养鸡。"他还说："购买全套现代化专业机械化养鸡设备，10 万元美金就够了。"掌握这个情况后，刘浩清先生捐赠的意愿更加坚定，表示捐资兴办这样能造福广州、造福中国的项目很值得。许志俭和刘浩清是好朋友，所以他也态度明确，一定要当好未来机械化养鸡场的技术指导。

当周宝芬把与许志俭、刘浩清先生的交流结果报告给梁尚立后，梁尚立很快就带着周宝芬与邓焜深谈。邓焜听后，当即答应，表示刘浩清先生捐资多少他就捐资多少，用于从美国购买设备和种苗，马上帮助广州建起第一个机械化养鸡场。在商量规模时，邓焜和刘浩清的原意是先兴办一个能育几万只蛋鸡的示范鸡场，成功后再扩大。广州市委、市政府觉得这样太可惜，做出了尽管资金十分紧缺，也要拿出配套资金办一个大型的机械化养鸡场的决策。邓、刘两人表示理解和大力支持。

1977 年底，经国务院侨办批准，广州正式接受邓焜、刘浩清先生捐赠的兴办机械化养鸡场项目。起初，他俩各自捐赠 5 万美元，共 10 万美元，后来他们又追加至总额 41.8 万美元。这笔捐赠主要用于引进养鸡的供水、供料、保温、孵化设备和种蛋、种苗上。广州市政府财政拨款人民币 800 万元修建鸡舍和供水、供电等各项配套设施。

1978 年初，广州第一个机械化养鸡场在昔日郊区黄陂（今黄埔区）动工兴建。全场设计规模为：种鸡舍 3 栋，面积 3500 平方米，可养种鸡 1.2 万只；蛋鸡育成舍 2 栋，面积 4000 平方米，可养蛋鸡育成鸡 3.2 万只；产蛋鸡舍 4 栋，面积 9560 平方米，可养商品蛋鸡 11.52 万只；肉鸡舍 3 栋，面积 4600 平方米，可养肉鸡 5 万只；孵化室面积 500 平方米，有孵化器 12 台；蛋鸡设计生产能力年产鲜蛋 1382 吨（参见詹春祥：《广州机械化养鸡场》，《农业机械》1979 年 02 期）。整个机械化养鸡场由种鸡场、孵化场、蛋鸡育成场、商品蛋鸡场（以上 4 个场后来扩建发展成为现在的广州市力康农工商联合公司）、肉鸡场（后来划归白云山农工商公司管理，与原有机械化肉鸡场合并发展成为现在的广州市白云家禽发展公司）、饲料厂（后来划归市饲料公司管理，发展成为现在的广州市员村饲料厂）、家禽研究所（后来划归华南农学院管理，发展成为现在的广东省家禽研究所）组成。当年年底，这个机械化养鸡场基本建成，并陆续投入生产。

广州市机械化养鸡场是中国结束"文革"后首个接受境外资金和技术的开放项目；是港澳同胞和海外华人在"文革"结束后支持广州经济发展并取得突出成效的第一个项目；是港澳同胞和海外华人备受国家提出建设"四个现代化"宏伟目标鼓舞的产物；是邓焜、刘浩清和许志俭等爱国人士面对百业待兴之国家，做出的爱国爱乡的壮举。他们用亲情、乡情和爱国之情结束了广州人民吃鸡蛋难、吃鸡更难的历史，为广州的发展谱写了新篇章。

饮水不忘挖井人，1979 年，广州市政府授予许志俭"广州市荣誉市民"称号，使他成为"广州市荣誉市民"第一人；1993 年，广州市政府授予刘浩清"广州市荣誉市民"称号；1998 年，邓焜同样获得了"广州市荣誉市民"的殊荣。

广州市机械化养鸡场起步兴办起来，许志俭辞掉在美国的工作，来到养鸡场专门负责技术管理。从 1978 年年初开始，他以极大的热情，不知疲倦地工作，从指导鸡场设计，到引进机械设备，再到开办养鸡训练班，系统传授饲养管理技术，再到设备安装，每天的日程总是排得满满的，经常废寝忘食，工作至深夜。

鸡场搭建起来后，遇到的第一个问题就是"鸡苗"的问题。机械化鸡场养鸡如果没有好鸡苗，就是浪费先进设施。当时，国内由于缺乏大型孵化器，好的鸡苗没法成批培育，因此几乎没有可能找到优良的蛋鸡苗。许志俭十分熟悉美国养鸡的情况，于是提议直接从美国进口著名品牌"尼克"蛋的雏鸡苗。大家表示同意，并决定先引进 25000 多羽。

好事多磨，由于鸡苗乘坐飞机时间太长会出现各种不可预见的问题，为解决这一难题，许志俭采用先计算好孵蛋时间，然后再买入鸡蛋，在准备用孵蛋机孵鸡蛋的时候，对照计算出的孵蛋产雏时间，按照鸡苗将被孵出的前一天定好洛杉矶到香港的航班（那时洛杉矶还没有直航广州的航班），确保这批即将破壳而出的雏鸡苗能够准点运抵香港，并以最短的时间运送到广州。

为保险起见，许志俭利用过去的关系，找到了前身是飞虎队的美国航空公司负责承担运送这批鸡苗。本以为至此一切已万事大吉，没有想到临到运送鸡苗的关键时刻，问题又来了。得悉美国这家航空公司的前身是美国飞虎队，有关部门产生争议，担心出政治问题。后来，经有关人员再三解释，说现在这家航空公司前身虽然是飞虎队，但他们的人早就被"换班"了。

一波刚息一波又起，运载将要出壳的雏鸡苗的飞机按照预定的航线飞往东京再飞往香港的途中，飞机突然出现故障，必须临时停降台北中正国际机场（今台北桃园国际机场）进行维修。当时，国共两党对峙，运载鸡苗的飞机停在台湾的机场不会出事吧，人们头脑中阶级斗争的那根弦一下绷了起来。整个晚上，所有人都在担心，不停地商量对策。当时，甚至有人提出放弃这一批鸡苗，最终，多数人还是觉得好不容易才把这批鸡苗从美国弄到家门口，不要实在太可惜，决定还是冒点险把它们接回来吧。

经组织决定，由梁尚立带队，会同几名干部组成"接鸡小组"，专程从广州白云机场搭专机到香港启德机场负责接回"鸡苗"。那天，风和日丽，晴空万里，"接鸡小组"全体成员早早就搭上去香港的专机，抵达后便直接与载有"鸡苗"的美国航班在跑道上进行交接。当"鸡苗"被安全送到机场货仓后，梁尚立马上安排随行人员带上扫雷仪器先检查装载"鸡苗"的箱子有没有被人做过手脚，确定没被做手脚后，便安排技术人员对 2 万多鸡苗进行了逐一检查，最终结果是一切正常。就这样，这批优质鸡苗连同催生它们的孵蛋机，终于从启德机场的货仓被搬上飞往广州的班机，有惊无险地回到广州黄陂的"家"。

鸡苗是回来了，但能否养出能够多生蛋的鸡还是个技术活。"鸡博士"就是"鸡博士"，不是徒有虚名。许志俭研制的鸡笼分成两层，上面笼子放养着四五只鸡，下面的笼子则空置。那时，我国的鸡基本都是散养，根本就没有人圈养鸡，所谓的鸡笼是为了防止他人偷鸡，用于晚上把散养的鸡集中起来置于家里的。而许志俭的鸡笼却是充满技术含量，他设计的鸡笼是倾斜的，上层的鸡屎不会落在下层的鸡笼。底网是鸡笼最重要的组成部分，其面积大小决定笼饲（即"笼中饲养"）密度，其倾斜量决定滚蛋角，其钢丝粗细对破蛋率有很大影响。

由此可见，饲养鸡鸡笼的好坏，很大程度决定于底网。许志俭以他多年的实践，推算出每只蛋鸡最经济的笼饲面积为 348.3 平方厘米。所以，养鸡场引进的鸡笼，笼底面积都是根据他计算出的最佳参数设计的。至于一个鸡笼关养几只鸡最佳，他同样有深刻讲究。许志俭说，按照他多年饲养的经验来看，关养鸡 4 只以上经济效益开始下行，所以，他当时确定最佳圈养方案是笼底面积 4×400 平方厘米，每个笼可以关养 4 至 5 只鸡，但一般不超过 4 只。

当时，国内不少机械化养鸡由于饮水器技术不过关，导致圈养失败。许志俭对此心中有数，他说，这是因为设计者为了使鸡笼易于收集鸡蛋，将之设计了一定的倾斜角度，这样母鸡所生的蛋能顺利滚到槽里，但由于不少机械化鸡场都不注意经常清理鸡笼底下的鸡粪，让饲养的鸡非常容易生病。

所以，许志俭特别重视对鸡笼下面鸡粪的清洁工作，安排工人定期使用推土机将鸡粪推出来，然后派工人再认真清理一次。他头脑中还装载着循环经济的理念，基于对鸡粪含有丰富氮元素的认知，他将其视为一种难得的优质有机肥，每隔一段时间便派工人把从鸡笼底清出来的鸡粪集中送到附属农场发酵，支持发展有机农作物。他把广州第一个机械化养鸡场办成了中国大陆第一个具有真正意义的机械化养鸡场。

随着机械化养鸡场第一批雏鸡长大生蛋，广州人民吃鸡难、吃鸡蛋难的历史从此翻篇。后来，广州市机械化养鸡场改名为广州市国营力康农工商联合公司，所产的鸡叫作"力康鸡"，所产的鸡蛋叫"力康鸡蛋"。由于鸡场 1 只鸡平均每年生 300 多个鸡蛋，所以鸡蛋多到既可以拿到市场上面去销售，又可以供应给宾馆。力康公司不仅为广州市民提供了大量食用鲜蛋，更为我国多个地方提供了大批优质蛋鸡种苗，为10多个省市培养了1000多名机械化养鸡专业技术人员。

再后来，伴随国家改革的不断深入和开放的不断扩大，力康公司发展成为年产鲜鸡蛋1万吨以上的专业化、规模化的鲜鸡蛋生产企业，成为全国最大规模的养鸡场之一，是广州市农工商重要产业和广州市"菜篮子工程"项目的重要基地。

"鸡博士"许志俭功成身退后，被聘为美国饲料谷物协会北京办事处主任，此后，他依然关心支持中国的养鸡业、畜牧业，牵线促成美国饲料谷物协会捐赠100多万美元兴建了南京饲料厂。邓焜功成身退后，在东莞投资兴建机械厂，捐资东莞西坊村建造自来水塔及购置自来水设备，捐资东莞理工学院建"邓焜楼"，捐资东莞雁田中学和雁田小学，2003年被香港特区政府授予银紫荆星章。刘浩清功成身退后，怀揣"没有发达的教育，国家难以发达"的信念，偕夫人先后在家乡兴办了5所学校、3所培训中心、2家图书馆，构筑了10项"造血工程"，其中包括重庆的一家旅游培训中心、上海瑞金医院"上海高级护理培训中心"教学大楼以及捐资人民币1500万元设立"上海市教育发展基金会刘浩清基金"，捐资香港浸会大学基金设立"刘浩清教育基金"，圆了他的教育强国梦。

改革开放前，国内大中小城市

机械化养鸡场生产的鸡蛋

的猪肉和粮油一样，也都是凭票供应，每斤价格约 5 毛钱。猪肉价格看起来是低的，因为当时机关事业单位人员工资平均每人是 50 元左右，可以买到 100 斤猪肉；但由于是凭票供应，每月每人不足 1 斤，加上短缺，有钱无肉买，所以经常是吃了上顿没下顿，每餐能够闻到肉腥味已经不错了。那时候不少人家经常用酱油捞饭吃，用腐乳拌饭吃，有咸鱼、腊味吃的家庭是相当不错的家庭。当时，广州民间流传职业中有三个岗位最吃香，其中一个岗位就有"猪肉佬"（广府话"卖肉的"），因为如果他切肉秤肉手下稍为留情，你家这一日就可以多吃点肉了。那个时候不少美女都追着嫁给"猪肉佬"。

改革开放之初，广州的猪肉依然凭票供应，还是不到 1 元 1 斤，这时机关事业单位人员工资略有提高，除买米外，余款还是够买 100 斤猪肉的，但没有这么多肉票，有钱也没用。其时，自由贸易市场已经开始在各地出现，但这些不用票买到的猪肉普遍价格十分昂贵。一来是这时的农民收入比较低，参加集体生产劳动的果实被统购统销，加上统购价格低，结果年收入人平均只有二三十元；二来家庭搞自由经济不宜，自留地不足，没有地种饲料，更没钱买饲料喂猪，只能用淘米水、烂菜叶子、浮萍等喂猪，使所养之猪长得特别慢，一年到头能长到 150 斤已经不错。碰到猪瘟就只能自认倒霉，没法出售，只能自家消化。当时农家一般会养三头猪：一头交公，完成国家统购任务；一头拿到自由市场卖，换钱起屋和修屋，或作为操办红白大事的费用；一头自留，用于过年团圆饭食，及制作腊味，平日招呼客人。所以，不少农民都是只见过猪跑，却很少吃到猪肉，有的甚至没有吃过猪肉。

为尽快改变我国猪肉供应短缺的问题，国家农业部做出了引进国外良种猪的决定。中国大陆特别是广东，不少地方养的都是"大白花"种猪。这种猪体型中等，背腰较宽下凹，腹部较大，具有耐粗饲、适应性强、繁殖力强、哺乳性能好、肉质鲜嫩肥美等优良特性。"大白花"成年公猪平均体重130公斤，母猪110公斤。但母猪到了生崽的时候，腰就会垮下来，奶嘴经常拖地，一头猪有8个奶头。如果母猪生了8个以上的小猪崽，肯定要淘汰几个弱小、吃不上奶的小崽。

被淘汰的小猪崽一般会卖给酒店或人家，成为"九大簋"宴首道菜"乳猪拼盘"的原材料，这应该是广东有"烤乳猪"这道菜的来由。那时的猪，如上所述主要喂淘米水、杂草，长得慢，养不肥。对比同期西方发达国家的养猪方式，人家养猪讲科学，注重"饲料转化率"，推广让猪食多少饲料就长出多少肉的做法，使饲养之猪瘦肉多肥肉少。为防止肥肉超标，还发明专门的仪器探测成猪瘦肉的厚度，并根据检测情况调整。正因为如此，世界上最早饲养猪的中国开始流行一种国外猪比国内猪要好的想法，一窝蜂引进国外良种猪，引进其饲养方法。受此感染，广州决定从美国各个养猪场买回各种不同的种猪进行试养。

引进外国种猪到国内饲养，必须先进行严格的隔离检疫。与世界不少国家一样，中国牲畜养殖业也流行口蹄疫。口蹄疫病毒在全世界分七个主型：A、O、C、南非1、南非2、南非3和亚洲I型以及65个以上的亚型。在我国O型、A型流传最广，猪牛羊等易感动物都有感染的案例。猪得病后嘴巴溃疡就吃不了东西，长不大。而且口蹄疫流行快、传播广、发病急，牲畜感染后没有有效的治疗方法。

那时养猪不易，加上家庭生活困难，缺肉缺油水，即使得过病的猪、死猪都有人吃，多数人是知情都吃，极少数人是不知情的。现在全国各地一遇到猪瘟，便用扑杀方法处理，不允许吃。

美国种猪多流行传染性萎缩性鼻炎，其特征为脸部逐渐变形，鼻甲骨歪斜并发生萎缩，猪得此病后，饲料转化率极低。传染性萎缩性鼻炎猪病多发生在 2 至 5 个月龄的小猪身上，最早见于德国 1830 年的记载，后来英美等国陆续发生，现在已经遍及世界养猪业发达各国。中国起初没有出现，后来由于各地不断从国外引进种猪，最终无可幸免，且广泛流行。

1978 年 10 月，秋季中国商品出口交易会在广州召开。此时，广州机械化养鸡场已经建得有模有样，周宝芬利用会期空隙，邀请与自己关系比较好的香港上海籍工商界老友到广州机械化养鸡场参观。大家很震撼，同时觉得还应同步配套再建一个现代化养猪场，他们不但有想法，而且还有行动，纷纷解囊捐出了支持广州建设现代化养猪场的第一笔资金，同时叮嘱他一定要从国外引进良种猪，借助优质良种猪提高生猪的生产成效。

交易会结束后，周宝芬拉上梁尚立及时向广州市委、市政府汇报在港经商上海籍爱国工商人士关于从国外引进良种猪，并在广州兴建一间现代化养猪场的建议。罗范群书记及市政府领导听后十分高兴，当场给予充分肯定，并答应马上推动市委、市政府研究此事。不久，市政府做出决定，以在港经商上海籍工商界人士的捐款为启动资金，由周宝芬牵头负责引进良种猪，由市财政局按建设进度拨款，在郊区太和镇（今白云区太和镇）建造一个现代良种猪场，通过改良种猪和改进饲养办法，在增加猪的重量的同时提高猪的产出头数，切实提高生猪的产量，争取早日结束广州吃猪肉难的难题。

接受了市委、市政府这一光荣而艰巨的使命后，周宝芬想起岭南大学农学院一位叫李启基的同学，他是香港加多利农场的主任。加多利农场位于香港加多利山东南面，在九龙旺角东北边。加多利农场是中华电力公司老板在征用这一地块修建电厂发电的同时，充分利用当地农田修建的一个农场，其目的是通过搭建良种鸡场、良种猪场等农业设施，帮助当地失地农民能够就业，实现相互得益。周宝芬想要成功引进良种猪并建起现代化养猪场，同样离不开专业人才。而多年来在加多利农场负责养猪养鸡的同学李启基恰恰是这方面不可或缺的人才，他不但有专业经验，而且还有实践经验。于是，周宝芬就到香港找到李启基，把广州要引进良种猪，要聘他作为人才协助负责引进和饲养良种猪的请求告诉他，他听后马上就答应了。

李启基带着这一任务，亲自到英国帮助广州寻找良种猪。通过关系，他得悉英国有一个农场的约克夏猪品种不错，即找到这家养猪场，从这家猪场购进四种白猪。为什么只在一个养猪场买猪呢？因为猪种可以更好地溯源，也可以避免不同猪场的猪病毒交叉感染，降低发病率。买的时候，他们从尽可能减少猪抵抗力弱化带来的病毒感染等技术原因出发，每一种猪买自两个家族，防止近亲交配可能使猪的各种能力弱化。搞1头公猪配11头母猪的"一公十一母"一组配，一组12头，总共购进9组，共108头。所有的猪种全部从英国用飞机空运到香港，沿途给猪喂水、喂饲料。

猪种运到香港时，周宝芬和广州同事到香港启德机场去接猪。一靠近香港机场，就闻到很重的一股猪屎味。为了缩短这批良种猪的在途时间，它们一下飞机，周宝芬就让随行工作人员安排运输车辆，立刻将其转送到广州郊区太和镇，进行隔离检疫。十分幸运的是这批猪不但健康，而且头头生猛，检验全部合格通过。

这批猪来到太和饲养，李启基给了许多建设性意见，比如采用仔猪离地笼养方法，比如由广州市设计院协助设计饲养场等等。经过两年多的生产实践，证明离地笼养仔猪可以获得良好效果。后来周宝芬才知道，原来离地笼养仔猪是国外的一项成熟先进的养猪技术，离地笼养可以用加温和通风的方法调节猪场的温度和湿度，有利于仔猪的生长发育。另外，猪的尿粪都漏到地面，饲料不受污染，能保持笼舍和饲料卫生，减少发病率。当时，良种猪场就曾对 40 日龄的仔猪进行离地笼养试验，平均每增重 1 千克只消耗饲料 2.1 千克。但由于笼内面积较小，仔猪没有运动场地，所以笼内饲养时间不宜过长，一般在 80～90 日龄后，就应该让小猪落地饲养。

通过引进外国先进办法养鸡和养猪两件事，周宝芬更加清醒地认识到，事业的成功，离不开深入的调查研究，离不开对事物的完整分析，更离不开专业人才。人才是创新发展的第一要素，只有"专业事情交给专业人才负责做"，才能事半功倍。有了上海工商界人士和香港专业人才的支持，这一次引进良种猪非常成功。

后来，广州太和良种猪场还扩大了引进种猪的种类，增加了杜洛克、长白、大白等品种的种猪。到 1983 年底，全场存栏的外国良种猪总共 700 头，其中成年公母猪 150 头，成为全市良种猪的繁殖基地。很快，这个猪场已经开始为广州市各县、区提供良种公猪和精液，还有部分提供给省内外养猪单位。猪场出产的猪肉除了满足市场，还远销四川、新疆、吉林等 20 个省市地区。从 1980 年以来，广州每年都有一批瘦肉型商品猪销往港澳和国内其他市场。在广州繁育出来的良种猪被输送到香港，那里的养殖户同样欣然接受。

香港自古以来就是我国的领土。当时从属于广东省广州府新安县管辖，这也就是说，较早前的香港同广州同属一个府，大家都是广府人。1841 年 1 月，第一次鸦片战争结束后，英国强占了香港岛。1842 年 8 月，清政府与英国签订不平等的《南京条约》，割让香港岛给英国。1860 年 10 月，中英签订不平等的《北京条约》，割让九龙半岛界限街以南地区租借给英国，租期 99 年（至 1997 年 6 月 30 日结束）。因而，1842—1997 年间，香港沦为英国殖民地。第二次世界大战结束后，香港经济和社会迅速发展，成为"亚洲四小龙"之一。

其时，中国大陆由于美国等西方列强的刻意封锁，经济发展迟缓。1971 年 10 月，随着中华人民共和国加入联合国并成为安理会常任理事国，毛主席于 1974 年提出"三个世界"的理论划分，国门渐渐打开。特别是粉碎"四人帮"之后，中央决策建设十个宝钢、十个大庆，拉开了我国经济开放的大幕。中共中央的决策与声音，唤起广大华侨与港澳同胞的爱国兴国之心。他们盼望已久的报答、支持祖国建设和中华民族伟大复兴的历史时刻终于来到了。周宝芬的好朋友香植球先生就是这万千港澳台侨胞中最为杰出的人士之一。

香植球比周宝芬小 4 岁，1927 年出生。他父亲香裕甫在香港经营泰盛染织厂，第二次世界大战后，香家继续从事染织生意，周宝芬家继续从事制造肥皂生意。1949 年，香植球返回省城管理广州泰盛染织厂。1961 年，时任荔湾区工商联主委的他，经广州市委统战部批准，回到香港发展。他返回香港不久，便发现那里人多地少，建议他父亲改行做地产生意。在他父亲与家人的大力支持下，他以 100 万元的创始资金，创办了"泰盛置业有限公司"。

在香植球的苦心经营下，泰盛置业仅用 11 年就赚到了 1 亿港币。之后，他又创立了泰盛证券公司，从事金融投资及顾问服务。1988 年底，泰盛持有的地产股，市值达 12 亿港币，而泰盛本身的市值亦达 10 亿港币。所以说香植球从小就住高堂大厦，一生锦衣玉食，从不缺吃喝，无论是战争年代还是困难时期，他都过着钟鸣鼎食的生活。他在香港的住所，是位于太平山施勋道 23 号的大宅，有着"玻璃屋"之称，为香港名寓之一。

1978 年 12 月，中国共产党召开十一届三中全会，确定把全党的工作重点转移到经济建设上来，做出实行改革开放的重大决策。当时内地比较贫困，各种设施落后，为了支持广州卫生教育事业的发展，香植球不仅带头捐了 100 万元港币，同时还找到他的好友新鸿基证券公司的冯景禧先生捐了 100 万元港币。冯景禧是香港的"证券交易大王"，1969 年创办香港新鸿基证券投资公司，目前仍是香港最大的证券公司。郭德胜是冯景禧的好朋友，1958 年他们两人和李兆基先生共同出资创办"永业企业公司"，以买旧楼翻新的方式从事地产业，这家日后叫作"新鸿基实业有限公司"的企业，目前依然是香港首屈一指的地产公司。听说老友冯景禧捐了 100 万给广州，郭德胜也主动捐了 50 万元港币。合和的胡应湘先生原籍是广州花县人（今广州市花都区），其父亲胡忠是早年香港的"出租车大王"。胡应湘热爱祖国、热爱家乡，听说为家乡捐款，他也积极捐了 50 万元港币。改革开放后，胡应湘先生成了第一批回大陆投资的香港实业家。香港新世界发展创办人郑裕彤先生，因为同样是从广州来香港发展的商人，收到消息后，也主动捐了 25 万元港币。这 5 个爱国港商的捐款加起来总共是 325 万元港币，这在当时可是一笔巨款。

当时内地和香港的关系十分微妙，一方面以美国为首的西方发达国家对我国经济发展的封锁和制裁尚未解除，另一方面港英当局对大陆改革开放政策还存有戒心，因此，能否将这笔香港爱国商人的巨额捐赠安全带回广州还是一道难题。为安全地将捐款带回广州，市政府专门开会进行了认真研究，决定尊重捐赠人的意愿，将这笔改革开放的首次捐款用在改善全市基本医疗卫生条件方面。为避免节外生枝，会议决定通过购买先进设备的方式直接将捐款变为物资发回广州。根据时任市工商联主委梁尚立的推荐，会议决定派周宝芬去香港接收这笔捐款。

说实话，当时广州很难找到愿意自费去香港为公家做工作的人，更何况一做就是两年。周宝芬除了在香港有个家，也有钱，具备各方面"硬件"外，更重要的是他愿意为广州的发展、祖国的发展而付出。他心想党这么信得过自己，把接收几百万巨款的任务交给他，他们家出些"油盐酱醋钱"也是应该的。周宝芬回忆说："为了工作方便，我并没有选择住在香港的家里，而是去邓焜先生家里住。由于我担任市工商联副主委后，经常在广州接待邓焜先生，一起吃饭，又一起游玩，比较聊得来，因此一来二去就熟络了，成了无话不谈的好朋友。一般是他来广州找我，我去香港就找他。反正邓焜先生也不计较，我一个人亦觉得无所谓，结果，我因此住进了邓焜的家。"

邓焜与内地保持着非常密切的联系，方便周宝芬随时向广州市委、市政府汇报接受捐赠的工作动态。邓焜先生是广东东莞人，爱党爱国人士，参加过华南抗日游击队东江纵队，抗日战争胜利后，东江纵队奉命将主力部队北撤山东，他因爱人怀孕等家庭原因没有跟队，留在香港发展。他创建大同贸易机器公司，专门协助内地做贸易生意，还兼任香港爱国团体中华总商会的常务董事，从事着团结广大香港工商界人士支持祖国建设的工作。在邓焜企业开展广州受赠工作期间，邓焜给周宝芬很大的帮助。

那个时候，在香港十几万元港币就可以买一栋楼，港商捐了这么多钱，所以周宝芬一到香港就分头登门拜访这5位捐款的爱国港商，然后将这笔捐助全额以"梁尚立"的名义暂时存放在香港中国银行。周宝芬认为，他一个人签名用钱不符合会计制度，要市委多派一个人作为监管。但当时的情形，市委无法再多出一个人协助他。所以，他便和邓焜先生开设的东源机械公司经理蔡渭衡商量，说每次写一张50万元港币的支票给东源机械公司，即把这笔捐款存放在东源公司托管，广州一天不用这笔款，公司都要计息，蔡渭衡一口就应承了。这就是后来325万元捐款最终能够买到350万元设备回广州的原因。

周宝芬吩咐蔡渭衡，这笔钱是爱国港商捐给广州市购买医疗设备的，请他帮忙在购买设备时，按照转账方式办理，并协助自己做好相关设备的采购工作。蔡渭衡答应说："没有问题，保证这笔款转账时不出任何差错。至于采购更不成问题，公司这方面有很多客户，我会介绍他们同您联系，配合做好选购工作。"周宝芬又说，这笔捐款以贵公司名义购买多少物品划出时，余款也希望贵公司计回银行利息给他们。蔡渭衡没有片刻犹豫，也同意了。周宝芬很开心。此后，这笔存款就以东源机械公司的名义，一笔一笔购买所需的医疗与教育设备，没有动用的余款则按日计息，使采购设备和以钱生钱两不耽误。

蔡渭衡比周宝芬小一岁。1949 年后，在英资泰和洋行及和记国际集团任职。其间，发起成立香港华人革新会，简称"华革会"，这是个由一群香港籍学者、律师及商人创立，旨在争取在港英当局统治下实行有限民选机制，后来蔡渭衡担任该会秘书长。他曾带头参加 1967 年香港"反英抗暴"斗争，被捕入狱。出狱后，先是在维大洋行任总经理，后经同为爱国人士的邓焜先生出手相助，受聘为东源机械公司经理。结识蔡渭衡先生，让周宝芬学到许多有关香港知识，尤其是香港的政制、政治斗争和工人运动等历史知识，为他之后在香港协同创办中信香港、越秀企业、政协香港委员联谊会打下了基础。

蔡渭衡说，在英国统治时期，香港是英属殖民地。"港英殖民制度"建立于 19 世纪末期。这种制度下，在港华人只能做最基层的工作，没有发言权、话事权。中层以上的官员几乎是清一色的英国人，对华人高度歧视。同时，港英政府还采用种族歧视、种族隔离式统治手法和"以华制华"模式并重，勾结华人黑社会力量来维持基本社会安定，造成了政府严重的贪污腐化现象，甚至英国委派的总督都牵连在内。上下没有不贪之官，警员、消防、水电乃至医务人员无不定期有组织地收受贿赂。

1949 年，随着国民党政权的溃败，面积仅 1000 余平方公里的香港很快成为一些偷渡客、国民党遗老遗少、外国间谍、港英当局获利者等大多对共产党心怀不满者的聚居地。同时，港内也存在并逐渐分化出一些亲共产党人士。港英政府对左右两派一直采取超然态度，既压制左派，也压制右派。但对左派打压更甚，有些左派曾被以"不受欢迎的人士"名义遣回大陆。

蔡先生说，随着外来人员的急剧涌进，香港人口从 50 万激增到 200 万，香港开始面临居屋、就业和饮水难的重大挑战。尽管进入香港的民族资本很快就开始了投资活动，西方对大陆的禁运也有助于香港的转口贸易，但仍无法消化吸纳大量过剩的劳动力，港英政府也没及时制定行之有效的房屋政策，大量新增移民不得不靠临时搭起的木屋栖身居住，不仅卫生环境很差，就连水电也无法保证。

但这一时期，港英当局依然是我行我素，依然采用老式的殖民手法进行统治。民意仅通过港英政府委任的少数太平绅士反映，法律及政府文书只出英文本，执法高层由清一色的英国人或从其他英属殖民地招来的白人担任，剥夺港人选举立法局议员的权利，官商勾结，民不聊生。诚如当时报纸记载的一样：活在底层的劳工群众深受压榨，生活负担日趋加重，一家数口，单凭两夫妇的工资难以维持起码的生活。更严重的是，还有一部分工人沦为失业者，流浪街头，生活得不到保障。而港英当局只顾掠夺钱财运回老家，根本不注重民生。

一直为民请命的香港前立法局议员杜叶锡恩指出"'民主'对于港英当局是一个肮脏的字眼"，强调"那是一个不公成风、贪腐横行的年代，香港累积的财富都被给予了那些港英政府青睐的人，他们被委任为立法行政机关成员，而他们中的大多数都是英国人"。

蔡渭衡说，1967 年香港"反英抗暴"斗争就是在这种历史背景下爆发的。1966 年，香港民众中也逐渐兴起一股学习毛主席著作的热潮，这一现象使得港英当局惶恐不安。后来，有的香港民众甚至因私藏毛选而受查处，甚至被法办。为了压制香港同胞迅速增长起来的爱国热情，英国一面在我国南大门频繁举行军事演习，耀武扬威；一面在香港加紧迫害爱国同胞，向中国人民发起挑衅。1967 年，新蒲岗香港人造花厂的"五·六"血案就是在这种情况下发生的，血案现场 100 多名工人被打伤，18 人被拘捕，港九树胶塑胶业总工会主席冯金水等 3 名工人代表被扣压。

血案发生后，激起了广大香港工人的义愤，走上街头，高呼"中国人民不可侮""英国人滚出香港去""强烈抗议港英法西斯血腥暴行"等口号游行示威，酿成了"五一二"血案。5 月 12 日，港英警方用棍棒和催泪弹等驱赶镇压示威者，结果又有 100 多名工人和前往慰问的各界人士被打伤，另有 127 人被捕。

同年 5 月 16 日，香港左翼当即宣布成立港九各界反对港英迫害斗争委员会，简称"斗委会"，由工联会理事长杨光任主任。斗委会以"反英抗暴"为口号，联合和组织香港各界爱国人士，前往港督府示威抗议。与此同时，香港各行各业甚至郊区的农民、渔民也纷纷加入斗委会，参与到反迫害斗争中。不久，香港的巴士、电车、煤气公司、天星小轮和一些大中小学校等，也出现了定时的罢工、罢课，以表达对工人正义行为的支持和声援。

蔡先生说，毛主席、周总理密切关注并发声支持香港的反英抗暴斗争。中国外交部发表声明，严正要求英国政府责成港英当局立即接受香港中国工人和居民的全部正当要求。《人民日报》发表《香港英国当局必须悬崖勒马》的评论员文章，宣布我国政府和我国人民坚决做香港同胞的强大后盾。北京、广州等许多大城市举行群众大会和示威游行，支持香港同胞的反迫害斗争。

中国政府的声援与支持，大大鼓舞了港九爱国同胞的斗志。从那以后，到港督府抗议的群众成千上万，一连数日，不绝于途。而英国政府则公然教唆港督戴麟趾升级镇压。5月22日，港英当局出动大批警察、便衣特务和数以千计的"防暴队"，对前往港督府和法庭抗议的群众队伍发起突然袭击，造成至少200人身负重伤，逮捕300余人。

其间，港九粮油等63个单位，20余万人举行了连续4天的联合大罢市；港九32所学校联合停课一天。7月，中英双方在沙头角中英街发生武装冲突，中方共击毙香港防暴警察和英军共42人。受此鼓舞，香港爱国同胞开始用罐头罐及汽水瓶制造的土制炸弹和燃烧弹袭击警署，并以镪水（即盐酸和硝酸的混合物）从高处袭击路过的警察、警车，很多学校的实验室也成了制作炸弹的场所。

蔡渭衡说，这场持续5个多月的"反英抗暴"运动，是香港近代以来最重大的历史事件之一，也使港英当局遭到自殖民统治香港以来最严重的政治危机。正是在香港爱国同胞正义斗争的背景下，1974年5月25日，英国保守党领袖、政府首相希思来华访问，并与毛主席和周总理会晤，达成"1997年实现香港平稳交接"的意向。同时，为防止香港再次爆发类似情况，英国政府下决心治理香港的腐败现象。1974年2月，香港廉政公署宣布正式成立，随后在香港总督麦理浩的强力推动下，将香港"大老虎"葛柏缉拿归案，廉政公署成了香港人民信赖的反腐机构，香港因此成为全球最廉洁的地区之一。

为了便于采购设备，周宝芬和邓焜、蔡渭衡两人商量，在当时设在东源机械公司四楼的香港中华总商会办公室里摆一张办公台，作为购买医疗设备的日常工作平台，用于接收有关医疗器械公司送来的产品目录单及洽谈购买业务等事宜。

最让周宝芬纠结的还是这笔捐款的财务管理问题。他打理源昌肥皂厂时，曾经专门请专业会计师协助源昌建立一整套完备的财务制度。但他接受的这笔捐赠，款项存放在香港中国银行，账户却是以梁尚立的名义开设的。为了保险及方便起见，梁尚立没有留笔迹在那里，因此他签名取不出钱，周宝芬签名才能把钱取出来。周宝芬觉得用这种方法管理这么一大笔钱容易出问题，也不符合财务管理制度，于是他就一而再再而三地找梁尚立反映，要求增加监管环节。后来，为此他还专门从香港回到广州找罗范群书记当面陈述。但梁尚立却坚持说："你要我去哪里找一个像你这样既舍得又有条件自费去香港为公家工作的人呀？哪个有你这样的条件？又有地方住，又不用政府负担生活费。"周宝芬说："由于当时政府的确拿不出钱安排人手到香港协助我，所以找人'监督'我的事只能作罢。"

这就是改革开放初期的"特事特办"。而反过来，给周宝芬的压力就更大了。组织信任周宝芬，他觉得自己更不能有丝毫的私心杂念，而且还要尽可能在购买设备时帮政府把好质量关、价格关，力求让这笔捐赠产生最大的效益。按照市委、市政府的要求，这笔捐款主要是从广州当时的实际出发，用于采购特别需要又最为紧缺的物资。那时广州各家医院的医疗设备非常落后，急需全面更新和采购一些国外先进的设备；同时，恢复高考后，对全市教育工作提出了更高的要求，而广州那时的教学仪器也十分陈旧，所以当时确定的采购方向重点是医疗设备，其次是教学设备。最终采购的结果是90%是医疗设备，10%是教学设备。所购的医疗设备，百分之七八十投放到广州市第一人民医院；所购的录影带、录音带等教学用品全部投放到学校。

购买设备的过程总体是比较顺利的，有钱就不愁买不到好东西。当周宝芬放出风声说要购买医疗、教学设备后，在香港的很多厂商就自动上门向他们推销产品，其中包括日本、德国等很多医疗器械企业。"当时不少供应商得悉我要购买物资，就拿着一大堆的产品目录上门向我推销，其中以日本人居多。"很快问题就来了，由于隔行如隔山，周宝芬又不是搞医的，加上对广州医院医疗设备情况也不了解，所以很难决断买什么不买什么。"我不知道哪些医疗器械是医院急需的，买哪个品牌更加合适。为切实买到医院、学校真正需要的仪器，我回到广州向罗范群书记汇报香港这边的采购情况，同时与他商量下一步的对策。"

在罗范群书记的安排下，市第一人民医院派副院长张国梁同志协助周宝芬在香港共同开展医疗设备的采购工作。自此，张国梁同志就同他一起住在邓焜先生的家，并在其公司蹭吃蹭住。邓先生很客气很大方，专门安排了一间房给他们睡。当时，香港中华总商会在邓焜公司办公地方的七楼还设有一个俱乐部，专门负责为东源机械公司员工提供膳食。他们两人办完公下班，就享受东源机械公司员工的待遇，直接到这个俱乐部用餐。

正是因为有邓焜先生提供住宿地方，提供办公场所，提供免费餐食，为周宝芬接受广州首笔捐赠创造良好的条件，使他在此两年间往返省港两地没有花公家一分钱，就顺利完成了受赠任务。因此，周宝芬特别感激邓焜先生的爱国热忱和无私帮助，是他的无私成就了周宝芬的无私。正是有他这样一批爱国爱港工商界人士的默默奉献，才成就了如今广州和共和国的无比辉煌。他们的光辉事迹值得铭记，他们的爱国壮举值得发扬光大。当年周恩来总理就曾用"患难之交"来评价港澳同胞在我国受到西方国家严厉封锁时所提供的各种帮助。所以，邓先生那时及日后对周宝芬的无私帮助，在他的脑海里历历在目，难以忘怀。

那两年多，一有采购消息或其他工作任务，周宝芬就会第一时间去香港，没有的话就返回广州，经常往来于香港与广州之间。当时，广州卫生教育系统确定需要什么设备，就会马上出一个清单目录交给周宝芬。然后，再由他们在香港对照清单目录进行采购。张国梁副院长是医卫行家，精通医疗仪器优劣的分辨，所以专门负责设备的甄选。至于设备的价格，周宝芬一般是在张院长已经确定购买什么设备的意向后，就找蔡渭衡商量，征求他的意见，他熟悉国际机械市场，了解且掌握机械设备的行情。

有了这两个专家帮手，周宝芬的采购工作更加顺利。"当时广州急需一批用于治疗检查的X光机。但广州的医院室内设施非常落后，连空调都没有。如果只采购X光机，不买空调等冷气设备，X光机就难以得到有效保护，很容易潮湿、损坏。考虑到这些细节上的因素，我们决定我们的采购不能局限于单项，而应该突出某个单项进行配套，搞相辅相成的设备成套成形采购。我们的采购理念与方式得到了组织的充分肯定。所以，我们在购买X光机时，又加买了冷气机，用于对安装X光机的房间进行抽湿。当时市第一人民医院许多先进的医用设施，就是我运用这种方式添置回来的。"

"公家的事要上心。"在整个采购设备期间，他们一方面怀抱对党对人民负责的态度，宁可多花一点时间，也要货比三家，力求用最小的成本购进最先进最适用的仪器设备；另一方面，考虑到当时经济条件有限，他们不但不能有蹭公家油水的念头，而且还应该开源节流，尽可能让这笔赠款可以买到更多的设备。据此，周宝芬在开户行先开出325万捐款的存款和利息凭证，然后明确由东华机器厂每月依据他们购买设备的情况提供捐款的实时余款和利息账单，他拿到账单后，第一时间就将它寄回市工商联。

当时，市工商联专门安排一位叫区海英的干部专门管理这笔款项和单据，周宝芬回广州都会和他对接，核对单据，切实做到账目清晰。那个时候，无论是医疗设备还是教学设备都很便宜，比如X光机才几万元一台，他们买的东西很多，但周宝芬用的全部是支票，从不用现钞。他还与蔡渭衡经理有个约定，没有支付出去的捐款要存在银行计息，这样一来"钱就可以生钱"。所以，这笔325万港币的捐赠，最终是变成了价值350多万港币的设备运回了广州。这批难得的设备，为改革开放后广州医卫教事业的发展奠定了坚实的基础。

由于经常往返穗港两地，所以周宝芬每次使用通行证入香港境，港英政府当局总是兜兜转转地盘问他，想从中问出点什么。"英国政府也有个类似我们的'政治部'，实际就是个特务机关。我每次持通行证入境过关，这个'政治部'都会安排人盘查我，问我为什么要来香港，为什么来得这么勤，停留时间都做了些什么，问得非常认真详细，跟审犯人一样。我说我是来探亲的，我的家人在香港。表面看这是托词，但也是实情，只不过是一举两得而已。按照当时的情形，如果直接讲我是去香港接收银两的话，肯定是不可以的，所以只能讲去探亲。"为解决这个问题，澳门爱国人士何贤（首任澳门特首何厚铧的父亲）建议广州市委批准周宝芬办理香港身份证，方便来往，省去不必要的麻烦。广州市委采纳了何贤先生的建议，同意周宝芬本人申领香港身份证。

中华人民共和国成立初期，香港人来广州同样需要申请来穗通行证。后来为了方便香港人来广州，时任中共中南局第一书记、广东省委第一书记陶铸想出一个点子，即香港同胞来广州，无须申请通行证，而是过境时填写回乡介绍信即可。这个介绍信上填有姓名、年龄等等资料，如同报户口住宾馆需要登记信息一样。后来，发展为将介绍信编成小册子，不用每次过境填写一次，而是把小册子交给边防人员进行登记就可以了，因此便捷了许多，这可能就是港澳同胞回乡证的雏形。不久，港英政府便给周宝芬发放了香港身份证，从此，周宝芬多了一个香港人的身份。这为日后在香港为国家和广州发展工作埋下了伏笔。

在广州改革开放初期，能够得到党组织的信任，参与第一笔港商对广州捐赠的接收工作并圆满完成任务，除了感激广州市委、市政府之外，就是感谢老友香植球等5名港商的捐赠，还要感激老搭档梁尚立的充分信任，感谢邓焜、蔡渭衡、张国梁等人的鼎力支持。正是他们以及所有香港工商界爱国人士的爱国情怀，帮助广州乃至祖国揭开了改革开放、振兴中华的新篇章。

第八章　全程参与中国国际信托投资公司的筹建

　　成功是属于那些有准备的人。周宝芬与荣毅仁先生在香港的一次偶遇，使他成了中国国际信托投资有限责任公司（后更名为"中国中信集团公司"）的筹备董事和董事，全程参与了这个曾被邓小平赞誉为中国在对外开放中的一个窗口的筹建工作，实现了地方品牌老板参与成就国家品牌企业建设的人生抱负，成为改革开放初期行走于香港、广州、上海、北京之间的粤商名流。

中共中央十一届三中全会结束不久，邓小平就在思考如何调动一切积极因素和一切可以团结的人，开创我国经济发展的新局面。尤其是一直靠边站的原工商业者，他们海内外联系广泛，有丰富的经商办实业经验，是不可或缺的骨干力量，一定要把他们的积极性和能量调动起来。他提出要尽快见一见工商界的老朋友，并亲自拟了一个名单，共有5人。

他们是时任全国人大常委会副委员长、全国政协副主席、全国工商联主委胡子昂，全国人大常委会副委员长、民建中央主委胡厥文，全国政协副主席、全国工商联副主委荣毅仁，全国政协常委、全国人大常委会委员、全国工商联副主委周叔弢，中国土畜产进出口总公司对外贸易部顾问古耕虞。这5人解放前分别是中国"实业大王"、中国"杰出实业家"、中国"面粉大王"和"棉纺大王"、中国北方"杰出企业家"和世界著名的"猪鬃大王"，是当时中国首屈一指的工商界巨子，还是中国共产党的老朋友。

1979年1月17日上午，五位老人早早来到会见地点——人民大会堂福建厅。选择福建厅会见"五老"是邓小平的点子，他想以此暗示原工商业者充分发挥自身海外联系面广的特点，积极与外界沟通，内引外联，为祖国的经济建设服务。座谈过程中，邓小平指出，现在搞建设，门路要多一点，可以利用外国的资金和技术，华侨、华商也可以回来办工厂，吸收外资可以采取补偿贸易的方法，也可以搞合营，先选择资金周转快的行业做起。并强调要发挥原工商业者的作用，有真才实学的人应该使用起来，能干的人就当干部。可以推荐有本领的人当公司经理，有的可以先当顾问。不仅是国内的人，还有在国外的人，都可以用，条件起码是爱国的、事业心强的、有能力的。

参加座谈的工商界"五老"中年纪最小的是时任全国政协副主席、63岁的荣毅仁。他在会上说，小平同志讲要利用外国资金、华侨资金，确是重要问题。现在英、法、日、联邦德国都要跟中国打交道，因为我们政局稳定。美国大公司来华还有顾虑，外国朋友建议我们邀请大老板面谈，让他们回去讨论，以改变目前的态度和看法。周宝芬对外国朋友说，我们有人力，你们有财力，可以合作。荣毅仁还对引进外资问题提出建议，他说，对引进国外技术和资金，现在各级领导都很积极，这里需要协调一下，德国西门子公司来华，许多部门都找上门去，他们的尾巴就翘得老高，要价也就高了，为此，要对引进项目加强管理。

听了"五老"的建言后，邓小平指出，搞补偿贸易，有相当的外汇收入，起码广东、福建两个大省大有希望，两省在外的华侨很多。补偿贸易不一定会得到全新技术，搞合营会有全新的技术，因为产品面向市场，需要具有竞争力。要引进国外的先进技术和资金。香港厂商给我写信，问为什么不可以在广东开厂。我看，海外同胞、华侨、华裔都可以回来办工厂企业。国际上资本主义有用的东西，可以拿来为我所用。

邓小平还专门对荣老板说，毅仁同志，你主持的中国国际信托投资公司，要规定一条，给你的任务，你认为合理的就接受，不合理的就拒绝，由你全权负责处理。处理错了也不怪你，要用经济方法管理经济，从商业角度考虑签订合同。有利润，能创汇的就签，否则就不签，应该排除行政干扰。所谓全权负责，包括用人权。只要把社会主义建设事业搞好，就不要犹豫。国务院副总理纪登奎、谷牧，中央统战部部长乌兰夫，对外经济联络部部长陈慕华以及国家旅游总局局长卢绪章等参加了座谈。

邓小平与我国工商界"五老"的座谈讲话，为当时的全国工商界围绕改革开放做一些实际工作、发挥自己的作用指明了方向，布置了任务，还创造了良好的政治环境。他摘除了戴在工商界人士头上的"资本家"帽子，明确把工商界人士作为人才大胆使用，提出大量吸收外国资金和技术办实业，从资金周转快的项目入手创办中外合营、合作、合资企业，在广东、福建等地搞补偿贸易。

　　邓小平的这个谈话引起了地方各级党委对重用工商界人士的高度重视。梁尚立 1981 年就当上了广州市副市长，而周宝芬也在当年和梁尚立等一起被增选为政协第四届广州市委员会副主席。邓小平这次座谈会上的讲话精神，后来还成为周宝芬与梁尚立在香港筹办治理越秀企业有限公司的"宝典"。

　　有了邓小平授予的"尚方宝剑"，以及他老人家"对政协的事少管一点，出山围绕经济建设，闯出一条新路，为国家多挣外汇"的吩咐，荣毅仁加快了筹建中国国际信托投资公司（以下简称"中国国际信托"）的步伐。座谈活动结束一个月后，1979 年 2 月，荣毅仁便向中央提出了《建议设立国际投资信托公司的一些初步意见》，明确以"运用国际资金、先进技术、各业专家为加速祖国四个现代化服务"作为办企宗旨。没几天，这个中国国际信托的"出生计划"，就获邓小平、陈云、李先念等中央领导批示同意。陈云还提出把公司办成国务院直属的国营企业。

　　"创建中国国际信托投资公司，具有划时代的意义。因为那个时候是计划经济，没有市场经济。样样都是国营，什么都是计划，进出口贸易统进统出，物资统购统销，财政统收统支。改革开放就是要突破这种盲目的计划经济体制，发展市场经济，用市场来调控生产、调控投资、调控交换。邓小平要荣毅仁开这家公司，除了赋予其进出口权，打破当时统购统销的计划经济局面，加大引进外国资金、技术、人才的力度外，还有一个考量就是探索建立适应市场经济发展的新国企，为下一步我国国企改革提供样板和经验。"

　　为让中国国际信托的"出生计划"尽快落地，化为现实，荣毅仁在提交"出生计划"的同时，就开始谋划到香港看看，做做调研。他知道，只有到这个当时有"东方之珠"之称的世界制造业中心、航空航运中心、金融中心的城市来学学，才能把握世界经济发展的最新动向，才能找到实施"出生计划"的灵感，才会对创办一个遵循国际惯例、按照市场经济体制运作的国际化国企有感性的认识。

荣毅仁找到冯景禧负责他在香港期间的考察。冯景禧和周宝芬同龄，出生在广州，父亲是个小商贩，那时整天起早摸黑做些小本生意。他亲生母亲过世得早，16岁那年，他已到香港卑利船厂当学徒。冯先生十分勤奋好学，业余时间书不离手，对财会、金融方面的知识无师自通，知道不少"生意经"，但在生意场上他却是几经沉浮。1958年，在商海中屡败屡战的冯景禧敏锐地嗅到了未来香港地产的商机，他找到同是"小财主"的好朋友郭德胜、李兆基合资创办"永业企业公司"进军房地产，自此开始了他们日后称雄香港工商界的生涯。

此后，冯先生借香港动荡，房地产行情一落千丈之机，倾尽所有积蓄，还贷了一大笔钱，收下了大批廉价房产和地皮，一年后，香港政局稳定，地价迅速回升，冯景禧终于发了大财，还收获了"商界奇人"的雅号。1969年11月，正当香港房地产业供不应求、新鸿基房地产生意兴隆之际，冯景禧却出人意料地卖掉了他新鸿基地产的大部分股份，正式建立了他个人的"新鸿基证券投资公司"。他创造"渔翁撒网"法，把以往证券业务只是给大户提供高端服务，发展为给散户提供大众化服务，使平头百姓成了新鸿基证券公司的常客，使公司盈利从起步之年的70万港元，发展到10年后的年超1亿港元，被香港人誉为"证券交易大王"。1982年，冯先生创办新鸿基银行，这是香港本土人自开

埠以来建立的第一家获准成立的本地银行，当时的总资产就达42
亿港元。

周宝芬因为曾代表广州市到香港接受冯景禧的捐赠，所以两
人比较熟。冯景禧由于不会听也不会讲普通话，见周宝芬又会听
又会说普通话又有时间，于是就打电话给他，让周宝芬陪自己去
见荣毅仁，安排他既当荣毅仁一行的导游，又当冯景禧的普通话
翻译。"电话中冯景禧对我说，荣老板来香港，你陪一下他可不
可以？一听是接待荣毅仁老板，我马上就答应了。"

接上头以后，周宝芬才知道这不是一个简单的时间巧合，而
是组织上的有意安排。原来荣毅仁受命到香港调研学习，尽快落
实中国国际信托的"出生计划"，需要广泛联络香港工商界人士
尤其是比较有名的富商，并实地考察他们的实业。当时的中央统
战部领导及荣毅仁认为，一定要物色一个既负责任又与香港工商
界熟络的人，来充当他们赴港调研学习组的联络人比较稳妥。经
中央统战部有关业务处室人士的推荐，周宝芬就成为他们的最佳
人选，这才有了冯景禧打电话请他当导游兼翻译的事情。

早在1979年2月荣毅仁到香港之前，周宝芬就认识荣毅仁
了。因为他是全国工商联副主委，而周是全国工商联执行委员，
以前开会时曾见过几次面。荣氏家族靠实业兴国、护国、荣国，
在中国乃至世界写下了一段辉煌的历史。荣宗敬和荣德生的荣家
一代，在新中国成立前是我国著名的"面粉大王"和"棉纺大
王"，对中国近代民族工业发展有着举足轻重的影响。"中国民族
资本家的首户，中国在世界上真正称得上是财团的，就只有他们
一家。"荣毅仁比周宝芬大7岁，毕业于上海圣约翰大学，是中
国现代民族工商业者的杰出代表，也是民建成员。1949年6月，

他参加上海市工商联和全国工商联的筹备成立工作，此后长期担任全国工商联领导。1956年，他经过深思熟虑后，把自己的商业帝国交给国家，为新中国的工业振兴做出了卓越贡献，赢得了普遍的尊重。当时的国务院副总理陈毅以老市长身份，为荣毅仁助选上海副市长，陈毅说："因为他既爱国又有本领，应当选为政府领导人。"改革开放后，荣毅仁的儿子荣智健也来到香港发展，专门负责从国外进口先进设备，然后转手出口内地，有力地支持了国内的现代化建设。当时，西方国家特别是美国，动不动就对中国搞禁运，但由于香港那时还是英国殖民地，没有禁运这一说，所以内地所需的很多物资，一般都通过香港中转来突破禁运。

荣毅仁在香港考察期间，周宝芬全程陪同。有一天，冯景禧请荣毅仁去沙田看跑马，不仅约上香港马会主席，还要求周宝芬陪同。看完马，吃饭时，荣毅仁突然问："你有没有兴趣陪我去欧洲走走？"当时，周宝芬觉得很突然，还没回过神来，已经答应可以了。其实，周宝芬的第一反应是无论如何也不能错过陪主席到先进发达国家学习这个难得的机会，何况此前欧洲许多国家（主要是西欧、北欧、南欧的国家）都没有去过。对荣毅仁邀请一起出访，周宝芬起初以为是他本人对自己在香港接待他的工作表示肯定的一种客套，或是他觉得与自己比较谈得来就邀请了，根本就想不到他还会邀请自己参加中国国际信托的筹办工作，更想不到的是荣毅仁的邀请背后还与中共中央统战部工商处处长万景光的极力举荐有关。

万景光长期担任中共中央统战部工商处处长一职，由于每年广交会都会到广州了解指导工作，久而久之与周宝芬相熟。万景光知道周宝芬与香港工商界人士常有交往并保持着良好的关系，家又在香港，熟悉当地情况，海外关系又比较好，因此，正是万景光的力荐，才令周宝芬有机会参与中国国际信托公司的筹建工作。

1979年4月11日到5月14日，共45天，荣毅仁以全国政协名义，率领一个由15人组成的代表团出访欧洲联邦德国、瑞士、法国三国。此行，他以全国政协副主席、全国人大常务委员、全国工商联副主任委员、中国银行常务董事四个身份访问。当听说代表团中不少人过去都是中国的大资本家，东道主就察觉到这个代表团是来做"大生意"的，所以接待单位都特别热情，其中联邦德国方面还专门派警车护送代表团去参观展览会。

周宝芬回忆道："代表团成员由全国政协常委、委员，工商界人士，石化、冶金、电子、船舶等专家组成。他们中有荣毅仁的夫人杨鉴清，有全国工商联副秘书长、回国后担任中国国际信托房地产部总经理的经叔平，有既当过水电公司老板又出任过金陵大学教授、民建上海市委委员，回国后任中国国际信托常务理事、75岁的王兼士，还有万景光和我，其他人就不记得了。

"代表团乘坐飞机前往联邦德国，当时我国已经可以坐飞机直飞欧洲了。邓小平出访美国就是坐飞机直飞的。不过，那时乘坐的飞机没有现在这么先进和豪华，速度就更不用讲了，经过比现在多一倍的时间——20多个小时的漫长飞行，代表团才终于抵达联邦德国的法兰克福国际机场。自此，开始了长达40多天的访问行程。"

在万物复苏、春风送暖的日子里，代表团先后访问了联邦德国波恩、汉堡、法兰克福、慕尼黑，瑞士苏黎世、日内瓦，法国巴黎等20多个城市。参观访问了50多家工矿企业、化工企业和银行，举行了一连串的座谈会，与外国经济界人士进行广泛的会晤和交流。

让周宝芬印象最深的是到达的第二日在联邦德国汉堡参加当地一年一度的汉诺威工业博览会开幕式。"汉诺威工业博览会"是世界顶级的专业性贸易展览会，创办于1947年。博览会以交易行和独立企业馆的展示方式，荟萃当今世界各个工业领域最现代的产品与技术，用以引领世界工业的创新与发展。出席开幕式的其他国家的代表对中国大陆代表的到来感到很惊讶，而代表团的成员尤其是像他这个过去搞制造的资本家同样震惊。

周宝芬感觉到，在追赶世界工业技术发展步伐方面，我国已经落伍一大截。他暗下决心，要向父亲学习，以德国为榜样，为我国制造业早日赶超德国，进入世界工业前沿队列竭尽绵薄之力。博览会开幕式出现了久违的中国资本家的身影，同样引来了与会各国代表和国际媒体的关注，舆论普遍认为，这等于中国向世界发出了强烈的改革开放信号，同中国大陆做生意的机会来了。

代表团在法国、瑞士两国重点参观了所到城市的工业企业和商业实体，这些企业和实体先进的生产技术和一流的运营服务模式，让代表团所有成员为之感叹，觉得闻所未闻，前所未有。大家看在眼里、急在心里，决心回国后在即将创建的中国国际信托中加以嫁接，尽快使中国国际信托能够成为比肩欧洲强国的国际跨国公司。或许是老祖宗的庇护，或许是已经觉醒的中华民族不服输精神的支撑，或许是党的改革开放政策的指引，总之，从零开始，经过中信人40年的不懈发力，终于创造了人间奇迹：2018

年7月《财富》杂志公布"世界500强企业",中国中信集团有限公司排149位;2018年12月,世界品牌实验室编制的"2018世界品牌500强"揭晓,中国中信集团

周宝芬在欧洲考察矿山

有限公司排名第241位;2018年9月,"2018年中国企业500强"发布,中国中信集团公司排名第36位。

代表团所到之处,见到的都是整齐的建筑、干净而平坦的街道、绿野起伏的村镇和繁华的都市,车流滚滚,路人匆匆,商品充盈而丰富,民众生活安定。这三个国家城市建设之美、社会之进步,超出了每位团员的想象。更让团员们开眼界的是这三国的科技和经济发展之快。例如联邦德国,是"二战"的战败国,战争曾让这个国家成为一堆废墟,经济遭到毁灭性的破坏,人们的生活极度艰难。但这个国家的领导人和人民坚持民族反省的精神和笃定的自信,充分利用外资,引进先进技术,求存图强,实干苦干,使国家获得重生。

借钱,尤其是借外国钱,发展生产、搞建设、做生意,成为代表团出访欧洲三国后确立的共识,更坚定了荣毅仁以信托投资方式引进外资、引进先进技术、引进现代管理模式打造中国国际信托投资公司的信念。然而,这种借钱做生意,用信托投资融资做生意,与解放前的旧社会没什么两样,与解放后的新社会是格

格不入的。

记得 1975 年 1 月 13 日，周恩来总理在四届全国人大会议上的政府工作报告中动情地指出："同资本主义世界经济动荡、通货膨胀的情况相反，我国财政收支平衡，既无外债，又无内债，物价稳定，人民生活逐步改善，社会主义建设欣欣向荣、蒸蒸日上。"这话才过去四年，荣毅仁就提出借外资发展经济，这是何等的思想解放，既需要有实事求是的精神，也需要大无畏的勇气。至于信托投资作为金融信托投资机构，用自有资金及组织的资金进行投资，是市场经济国家普遍采用的一种融资发展模式。在计划经济为主体的社会主义国家，提出使用这种带有"浓厚资本主义色彩"的融资发展手段，难免招来非议，需要一定的底气和勇气，更需要对邓小平改革开放思想有深刻的认识和全面的把握。

"中国在实行对外开放中的一个窗口"，这是邓小平对中国国际信托的定位。中国国际信托诞生比深圳经济特区成立早一年。如果说支持创立经济特区，是邓小平倡导改革开放在面上的试验田，那么支持荣毅仁创办中国国际信托，或许可以说是邓小平倡导改革开放在点上的试验田。荣毅仁对邓小平给中国国际信托的定位，经欧洲之行与全体团员的思想碰撞之后，不仅有了顿悟，而且还有了升华，即运行于中国特色社会主义市场经济体制的国有企业（这是十几二十年后理论界给出的定义），最终这一定位被写进了中国国际信托投资公司章程的《总则》："公司坚持社会主义原则，按照经济规律办事，实行现代化的科学经营管理。"虽然还不够直白和旗帜鲜明，但懂的人自然会懂。

出访欧洲回国后，荣毅仁按照在工商界"五老"座谈会上邓小平嘱托的主要精神，加紧了落实中国国际信托的"出生计划"。代表团回到北京一周，中国国际信托投资公司筹备小组宣告成立。此时，他才知道自己成为筹备小组 12 人中的一员。组长是荣毅仁；副组长是外贸部顾问雷任民、吴志超；成员有陈树梓、王光英、叶选基、周宝芬、王军、吴光汉、经叔平、雷平一等。筹建工作在北京和平宾馆一间仅 8 平方米的房间展开。据说，由于当时国家拨付的资金尚未到位，所以租金还是荣毅仁夫人杨鉴清用家中存款先行垫付的。筹建工作实际在代表团出访前已经开始，周宝芬能帮忙的工作不多，主要是参加有关筹备事宜的讨论，就公司章程等与公司组成的有关文件建言献策。

1979 年 7 月 1 日，全国人大五届二次会议通过《中华人民共和国中外合资经营企业法》，明确允许外国公司、企业和其他经济组织或个人，在中华人民共和国境内，同中国的公司、企业或其他经济组织共同举办合营企业；明确外国合营者的投资比例一般不低于百分之二十五。为类似中国国际信托这样以引进外资为主业的经济实体的创办，提供了法律依据和法律保障。同年 7 月 8 日，《人民日报》一版头条刊发了全国人大常委会委员长叶剑英的《中华人民共和国中外合资经营企业法》签署令，并刊发该法全文。同日，《人民日报》还在头版刊发了国务院批准成立中国国际信托投资公司的消息。荣毅仁则选择在此日宣布中国国际信托筹备组成立，扩大公司的社会影响。自此，中国国际信托筹建工作进入"快车道"。

同年"七一"庆祝大会上，邓小平见到荣毅仁，十分关心地问起中国国际信托的筹备情况，随后，他十分明确地对荣毅仁说，人由你找，事由你管，由你负全责；要排除干扰，不用担心其他部门来管制，你们自己也不要搞官僚主义。按照邓小平的办企宗旨与原则、办事速度与效率，荣毅仁第一时间把筹备组相关人员组织起来起草公司章程。

据说，公司章程由荣本人做提纲挈领的布置，由"军师"王兼士口授，只用了三天时间就基本把总则、业务、组织、经营管理、附则五章组成的初稿弄出来了。这"老派""新派"、境内境外的工商业代表就初稿反复研究讨论，最终还是恪守了坚持社会主义原则和按经济规律（可以理解为"市场规律"）两条办企底线，开了探索建设中国特色社会主义市场经济国有企业的先河。荣毅仁据此还亲自为中国国际信托设计了象征改革开放的企业徽标——"CITIC"，中信集团至今依然沿用。

按照国务院批复的报告，中国国际信托的注册资金为 6 亿元人民币，由于国家当时财政困难，后改为 1 亿元，还是分五年给的，每年 2000 万元人民币。但是，第一年的款付得特别迟，一直都不到账，而公司又等着用。无奈，荣毅仁只好说服夫人从自家拿出存款 1000 万元借给公司做周转金。正因为公司成立初期缺钱，所以连办公用品都是荣毅仁夫人掏钱购买的。

1979 年 10 月 4 日上午，中国国际信托投资公司正式成立。成立仪式选在北京人民大会堂台湾厅，周宝芬以及来自中国内地和港澳地区的董事会的成员早早就来到了这里，等候党和国家领导的到来，并参加第一届董事会。荣毅仁先生身着深色中山装站在大门口迎接每位中国国际信托的客人。当天上午，国务院副总理谷牧代表中共中央、国务院参加中国国际信托的成立仪式。会上，荣毅仁报告了公司的筹备情况及今后的工作方向和计划。随后，王宽诚、何贤、马万祺、胡子婴等人先后发言。

王宽诚在发言中诚恳地说："我 1947 年到香港，那时全国还没解放。解放后我感到很有希望。我们在外面的人，爱祖国，爱家乡。中国原子弹爆炸，我们脸上有光；出了'四人帮'，我们痛心。在外边的华侨都是中国人，如不好好利用，他们就没机会报效国家。"谷牧在会上做了讲话，在讲话中他强调，中国国际信托投资公司的成立，是时代的产物，是我国加速四化建设一个很重要的组织措施，中央对你们寄予很大期望。他还指出，公司董事会阵容强大，大家都有丰富的经验，同外国经济界、金融界有广泛的联系。他还要求公司借鉴日本的经验，着重做好融、投资工作；进一步了解东南亚"四小龙"的经验，当好改革开放的窗口。

董事会上宣布了国务院批准的董事会组成人员：王少岩、王光英、王纪元、王兼士、王宽诚、叶林、古耕虞、刘希文、华煜卿、芮沐、荣毅仁、马万祺、刘靖基、孙孚凌、孙晓村、何贤、李嘉诚、胡子婴、茅以升、郭棣活、资耀华、周志俊、曾定石、段云、陈希仲、何郝炬、汤元炳、常彦卿、张遗、雷任民、吴志超、李文杰、邱纯甫、裴先白、杜新波、童少生、肖桐、周宝芬、张敬礼、经叔平、钱昌照、缪云台、陈树梓、霍英东。共 44 人。董事会成员中有民建中央和全国工商联的负责人，有各地工商界代表人士，有港澳工商界人士，有著名的法律学家、经济学家，有著名的爱国人士，还有外经贸战线的骨干领导干部，其中不乏沪、港商业巨子。周宝芬也有幸成为董事会其中的一员。

44 名董事中有两名是广东省方面的人士。一名叫郭棣活，他出生于澳大利亚悉尼市，是著名的爱国侨胞、民建先贤、纺织界精英，和周宝芬一样就读于广州岭南中学，然后直升岭南大学。

1923 年 7 月毕业后，赴美国麻省纽毕德佛学院攻读纺织工程，在毕业考试时他考了全学院第一，并获美国棉纺同业组织奖牌。回国后，他大部分时间协助伯父郭乐主持上海永安纺织。上海永安纺织与上海永安百货，是以郭乐为首的华侨资本郭乐家族创建的。永安公司经营的环球百货，其规模在解放前居上海四大（永安、先施、大新、新新）百货公司之首。

郭棣活入职永安纺织，首先接手打理的就是伯父刚刚购进的"鸿裕纱厂"（即永安三厂），人称"垃圾厂"。他不畏困难，以总工程师的身份把在美国学到的知识运用到整治的实践上，注重通过引进先进生产设备、淘汰替换陈旧机器改善工人劳动条件，注重通过提高工人技术素质提高生产效益，注重通过改善工人生活福利调动工人的生产积极性，使该厂很快就旧貌换新颜。随着生产步入正轨，他又向董事会提出加建厂房，扩大生产，通过增加纺锭 24000 枚，最终促使"垃圾厂"一跃成为拥有纱锭 63000 万枚的大型纱厂。

新中国成立后，郭棣活被推选为上海市工商联常委、上海市棉纺织工业同业公会主委。他带头捐款支持抗美援朝，同时将价值 250 万美元的纺织机械设备和原材料运回祖国，支援国家建设。1953 年 2 月，在全国政协一届四次全会期间，毛主席专门约见郭棣活和荣毅仁，谈话之中希望他俩在内地办企业。1954 年，他与荣毅仁、沈元来以及桐油行经理沈瑞洲共同出资，在合肥组建了安徽纺织一厂。后来，郭棣活调回广东。

另一位是时任广东省副省长的曾定石，他长期在广东省计委工作。1978 年担任省政府领导后，主管计划、外经贸、外事、侨务等工作。其时，他刚刚参与完成了上报中央的《关于发挥广东省优越条件，扩大对外贸易，加快经济发展的报告》。《报告》建议中央赋予广东特殊政策和灵活措施，推动广东大胆实践、勇于探索，发挥人文地缘优势，扩大对外贸易，实行财政大包干，实行新的经济管理体制并试办出口特区。此后，在省委、省政府的领导下，他大胆推动计划管理体制改革，改革投资机制，实行"以桥养桥""以路养路"等多种筹资形式，加快基础设施建设；同时，他还参与了广东省驻港澳办事机构粤海公司、南粤公司的筹建工作，主持筹建了省对外经济工作委员会，为广东扩大对外贸易打下了坚实的基础。

党和国家领导邀请众多的境内境外现任的和离任的民族资本家加入这个国企董事会，有充分肯定民族资产阶级对我国社会主义建设先前所做的贡献，期望他们在将来能够发挥更加重大作用的用意；也有树立全新的对外开放形象，以利于在经贸往来方面实现与资本主义国家企业无缝接轨的用心；更有运用"民办"的市场运作智慧打造未来符合中国国情国企的考虑。由于当时会议的要求，他和大多数与会的董事一样，是身穿当时的正装——中山服出席首届董事会的。

会上，还宣布荣毅仁、雷任民、吴志超、陈树梓、王兼士为常务董事，荣毅仁任董事长，雷任民任副董事长。总经理由荣毅仁兼任，雷任民、吴志超、陈树梓兼任副总经理。随后，中共中央副主席、全国人大常委会委员长叶剑英、中共中央政治局委员、全国人大常委会副委员长乌兰夫，中共中央政治局委员、国务院副总理王震等来到台湾厅，接见董事会成员和中国国际信托公司的工作人员，并与大家合影留念。

当国人还在争论市场经济到底姓"资"还是姓"社"时，荣毅仁等有丰富经商经验的"红色资本家"早就带领他的团队在国际市场的汪洋大海中遨游。中国国际信托投资公司是先于试办深圳、珠海、汕头、厦门经济特区而打造的改革开放的第一块"试验田",从这个意义上说,中国国际信托公司是我国改革开放的第一个前行者,肩负着永续前行的先锋闯将重任。

还在荣毅仁着手筹建中国国际信托之前的 1978 年夏天,他的儿子荣智健便携带简单行装和单程通行证独闯香江。起初,荣智健获堂兄推荐,进入香港爱卡电子公司当受薪经理,但没有股份。1981 年,爱卡电子公司改组,他获得机会加入公司,持股三分之一,与美商持股相等。爱卡公司瞄准国内市场,以生产电容器、电子手表、收音机和玩具等产品为主。当时,内地改革开放才起步,手表、收音机、自行车、缝纫机传统"四大件"还是百姓日常生活的奢侈品,没有见过什么高端的日用电子产品。

爱卡公司生产的价廉物美的电子手表、收音机和玩具很快就成为内地的"抢手货",是内地年轻人梦寐以求的奢侈时尚之物。荣智健因之风生水起。他后来接受媒体采访时说:"初时,我占股本的三分之一,后来工厂赚了钱,我把个人分到的利润再投资进去,令我所占的股权增加到 60%,前前后后总共投资了 100 多万港元。"到荣智健出售爱卡公司时,他个人所得是 720 万美元,是他当时投资的 56 倍多。

中国国际信托投资公司初创时,不搞经济上是姓"社"还是姓"资"方面的对立,而是清醒地认识到,"资本主义社会经常使用的方法,不应被视作只适合于资本主义经济环境",要按照邓小平"只要把社会主义建设搞好就不要犹豫"的"真言",摸着石头过河。公司以遵循市场经济规律为前提,不断在引进资金、引进技术、引进人才服务国内经济建设的实践中开拓创新，创立了率先在国外发行债券、开展国际租赁业务、经营房地产业务、涉足国际商用卫星通信事业、开展国际经济咨询业务等多个国内"第一"，被邓小平赞誉为中国在对外开放中的一个"窗口"。

1981 年，中国国际信托第一个在国外发行债券。现在内地建设借外债已经是一件极为普通的事情，一种正常的融资行为，而改革开放初期，这件新中国成立 33 年来才第一次出现的事，却是一件轰动全国的大事，是一件挑战我国社会主义经济建设模式底线的大事，是一件挑战既无内债又无外债的传统框框的事。然而，任何事情总是想法越天真，付诸实践的现实就越残酷。当时中国刚刚摆脱了以美国为首西方国家的长期经济封锁，由于长期的经济封锁，加之"文革"的冲击，使得我国自身发展的积累严重不足，加上没有融资杠杆的拉动，各种重大项目不是没有财力启动，就是启动以后缺乏财力支撑，难以步入可持续发展阶段。当年，国家 22 项重点工程中的大项目之一江苏仪征化纤公司，就是这其中的一个缩影。

1971 年，毛主席坐专列南下视察，途经上海稍作休息，他发现专列乘务员们纷纷利用休息时间去购买"的确良（合成纤维）"布料或衣服，因为这东西只有上海买得到。为了满足全国人民的"的确良"需求，回到北京后，毛主席就和周总理说："我们能不能也搞点化纤？不要让老百姓穿衣这么千辛万苦。"不久，一份有关的技术报告被送进了中南海。1972 年 2 月 5 日，这份报告上有了毛主席的圈阅和周总理的批示。

1978 年，为了解决老百姓的穿衣难问题，中国政府决定大手笔地向发达工业国家引进石油化工装备，来发展化纤，打通化纤工业的全产业链。江苏仪征化纤公司就是在那个时候，与金山石化、辽阳石油化纤总厂、天津石油化纤厂和四川维尼纶厂一起上马的。

然而，一期工程还没有结束，江苏仪征就因资金不足，准备下马。如果项目下马，前期投入即化为沉没成本，对当时并不富裕的国家来说，损失惨重。为此，纺织工业部找到中国国际信托，希望帮忙筹措资金，以续工程。荣毅仁和老友常务董事王兼士商量，没钱为什么不能向外国借呢？可利用地方项目在境外发行债券筹集资金，拐个弯利用外资。他俩的这个大胆决定一石激起千层浪，上到政府官员、下到一般百姓都觉得不合适，无法接受举债筹集资金的方式。有人说，中国是社会主义国家，居然搞资本主义那一套！有人说，向资本主义国家发债券借钱，丢人！有人以这次发行债券的利率高于一般政府贷款和进出口银行贷款为由，说公司干傻事。听说将向日本借钱，有人甚至说这是卖国贼的表现。也有人担心无法偿还债务。

面对各方压力，荣毅仁对主管部门领导说，融资是国际上通行的做法，出了问题他负责，力排众议，据理力争。在得到邓小平的支持后，中国国际信托通过对几个主要发达资本主义国家相互比较，确定选择利率较低、货币坚挺的日本作为首次发行债券的国家。1981 年 6 月，纺织部、中国国际信托共同向国务院提交了《关于联合建设经营仪征化纤总厂的请示报告》，申请利用国家拨款和国外贷款共同经营仪征化纤涤纶一厂。得到批准后，中国国际信托与日本野村证券展开谈判。谈判中，日方要求中国国际信托提供一个机构或者政府部门，为发债提供信用担保，得悉中国国际信托系国务院直属企业后，日方终于同意不用担保。

经过近一年的谈判交涉，1982 年 1 月，野村证券与公司就发行债券达成协议，同意以中国国际信托投资公司的名义在日本首次发行 100 亿日元私募债券，这是中华人民共和国成立后第一次在国外发行债券，此消息一出在国际引起极大的反响，首次发行的日元债券当月就全部销完。中国国际信托将融来的 80% 资金投资仪征化纤，促成仪征化纤一期工程。终于在 1985 年建成投产，至 1988 年年底仪征就实现利税超过 11 亿元，不但还清所有债务，而且还赚回了一个大型化纤联合企业。

首次举债成功，一时被誉为"借蛋孵鸡"的"仪征模式"，开创了国有企业"借债建厂，负债经营"的先河。荣毅仁之所以这么"胆大妄为"，除了邓小平和政府的支持外，就是他们荣氏家族发家之道对他的启发和活用。荣毅仁父亲荣德生的"生意经"便是："只有欠入，赚下还钱，方有发达之日。"自 1982 年在日本成功发行债券后，中国国际信托的国际信用就被评为 AA 级。后来，公司又在香港、伦敦等国际金融市场发行了 23 笔不同币种债券，筹集到 30 多亿美元，用于国内电力、能源、交通等建设，为我国基础设施的建设与完善起到了举足轻重的作用。

其间，中国国际信托还与北京机电公司和日本一家公司共同筹建租赁公司，为北京市的"北京"和"首都"出租汽车公司从日本租赁汽车各 200 辆；在北京分别兴建了第一座涉外写字楼国际大厦和京城大厦，成为我国房地产业第一个"吃螃蟹"的国企；合资组建总部设在香港的亚洲卫星公司，成为中国第一个涉足国际商用卫星通信事业的企业；创建中国国际经济咨询公司，为中外双方牵线搭桥，被称为"信息库""智囊团"。

　　具有国际视野的荣毅仁，还带领公司利用外资到国外办企业，支援国家建设。中国国际信托在国外投资的第一个企业，同时也是当时中国企业在海外投资最大的项目，就是和美国、澳大利亚合资，在澳大利亚开办的先进超大型波特兰铝厂，合资期为30年。其间，还收购了美国的凤凰钢铁厂，在美国、加拿大、新西兰等国家投资发展林业。"请理解我在夹缝中走路的艰难！"这是面对从计划经济到市场经济的转轨，新旧体制交替中的碰撞，荣毅仁向中央祖露的心迹，也是日后梁尚立和周宝芬在香港主持越秀企业有限公司那五年的心迹。

　　中国国际信托投资公司成立不久，就开始着手在香港建立分公司。吴志超和周宝芬被委派到香港负责筹办工作，吴志超任中国国际信托投资公司香港分公司总经理，周以总公司董事的名义协助筹办。吴志超由于离开香港的时间比较长，加上香港那些年变化日新月异，所以对香港变得比较陌生。广州市工商联和香港工商界联系多、人脉广，并且周宝芬一直以来就负责与香港工商界的联系；加之其家族企业后来主要又是在香港，因此亲朋好友特别多，而两年多行走穗港两地接受捐赠，对港情就更是摸得一清二楚。

　　为开办香港分公司，中国国际信托总部核拨了300万元港币的开办费。吴志超虽然是分公司的总经理，但由于他身兼总公司常务董事、又是副总经理，比较忙，因此，周宝芬这个协助他创办香港分公司的帮手实际上还是有许多工作要做的。据此，荣毅仁专门与时任中共广东省委第二书记、广州市委第一书记杨尚昆打招呼，说周宝芬筹办中国国际信托香港分公司，需要常年在香港工作，就这样经特批，周宝芬就成了组织派到香港经商的工作者。由于此前组织上已经批准周宝芬办香港身份证，所以一切也就顺理成章了。

正式到香港"经商"后，周宝芬先到香港中国银行借了一个小房间，摆上两张桌子，就宣布中国国际信托香港分公司筹建办正式成立并在此办公。为便于工作，周宝芬在分公司筹建办公室附近的乐活道租了4间房，吴志超夫妇和周宝芬一起住。其实，周宝芬在香港有地方住，尤其是他哥哥家，房子又大，生活又有人照应。但出于对筹建工作的重视，为方便客人来访和及时洽谈业务，他觉得还是在公司筹建办附近有个临时落脚的地方比较好。所以，那时他就两边住，有时住所租的宿舍，有时回哥哥的家里住。

中国国际信托投资公司香港分公司的筹办工作进行得非常顺利，几乎没有遇到什么阻力就办起来了。由于中国国际信托理事会中香港企业家不少，为了更加密切地联系和服务这些知名的香港商界朋友，公司就安排周宝芬专门负责联系李嘉诚先生，他们两人又都是公司的董事。他在香港中国银行的分公司上班，李嘉诚也在附近办公。他几乎每天都去拜访李嘉诚，李嘉诚为人十分谦虚。当时，香港上班是朝九晚五，即早上9点到下午5点，但李一般都是6点钟下班，就叫周宝芬在6点钟他下班后再去。一来二去，周宝芬和李嘉诚就渐渐熟了起来。一起去北京开会，一起到广州，一起外出。当然，还有一件事拉近了两人的距离。周宝芬的大哥于1981年从美国回香港，与周家所有人一起商量处理父亲的遗产问题，最后决定把其中的6间房卖给李嘉诚，实收3120万元港币。这件事更增加了李嘉诚对周宝芬的好感。

知道周宝芬喜欢打网球后，李嘉诚和霍英东介绍他加入香港中华游乐会，那时需要 6 万元入会费，同时还需两人介绍。在中华游乐会打球的人，基本都是在香港比较有身份有地位的华人，除老板之外，还有注册会计师、律师、工程师等。从他们嘴里反映出来的问题、顾虑、疑问，都是比较接近上层社会的言论。周宝芬听到他们的议论时，都会主动解释解读，他们特别乐意听。

20 世纪 60 年代，信用卡开始在美国、英国以及欧洲各国盛行起来；70 年代，香港、新加坡等"亚洲四小龙"也开始引入信用卡业务。刚开始，有身份、有地位且经济条件比较好的人才能办信用卡，那时周宝芬已经有很多钱，特别是他将分到的 800 万元港币家产放到冯景禧处理财，每年大概可以收到 160 万元港币。为了支付方便，他就想在香港办一张信用卡。那时在香港办信用卡和现在不同，很不容易办到，除了个人必须满足申办条件外，还必须要有身份的人推荐。无奈，他只好找吴志超签名当推荐人，因为吴志超是中信香港分公司总经理，又知道他有钱，便签名了。就这样 1981 年，周宝芬有了人生中的第一张信用卡，拿到卡的那一天满心欢喜，看了又看，爱不释手，所以至今他还继续使用这张信用卡。

喜从天降时，小祸也随之而来。现在几乎所有成年人都知道信用卡是透支个人信用、个人的钱，与企业信用无关，与企业的钱无关。但那个时候，信用卡是新生事物，个人申请要有人推荐。而周宝芬申请时，找的是吴志超推荐。而吴志超给他写推荐时，被公司一个员工见到，就直接写信，反映他利用公司信用中饱私囊。真是天大的冤枉，因为信用卡的钱是需要持卡人自己还，与吴志超无关，更与公司无关。

于是，1982 年下半年，周宝芬便回到广州述职，汇报在香港的工作情况，同时向市委汇报帮忙筹办中国国际信托及其香港分公司的工作已告结束。"这就是我人生工作经历当中，因误解而背上的第一个'黑锅'，有理都说不清，用广州话讲就是'被人屈，食死猫'。"

周宝芬知道是那张可爱的信用卡惹的祸。"由于当时抱着'祸兮福之所倚，福兮祸之所伏'的心理，反正到哪里上班都没有父亲留给我的钱多，因此不想解释，也懒得解释，我又没有做错什么。如果发现误解我了，向我做个解释，我还可以接受。最终，我还是以'人为善，福虽为至，祸以远离'的心态，报着我没有图私利，更没有作恶的想法，甘受别人误会而了了此事。"

中国所走的改革开放之路，是全民共同富裕之路。所以，无论为公为私做生意，宗旨都应是为人民为国家服务。国家好，人民好，企业才会真的好。自1982年离开中国国际信托投资公司（后来改为"中信集团"），周宝芬依然是该公司的挂名董事，因为这个职位是国务院任命的。直到2006年中信集团董事会改组，这个当了27年的董事才没有继续兼任。周宝芬估计，到目前为止，他是中信任职最长的董事。离开中国国际信托香港分公司回到广州的那一年，广州市政府成立了港澳经济工作小组，副市长梁尚立任组长，成员有市商委主任郑康明、市二轻局副局长许枚和周宝芬，周那时还是挂名的市轻工局副局长。市港澳经济工作小组与中国国际信托有异曲同工之处，就是为广州的经济发展提供引进资金、技术和人才方面的服务。

市港澳经济工作小组的工作重要，但事情没有想象的多，毕竟搞引进不是一件简单的一厢情愿的事，还需要一个愿挨一个愿打。更重要的是有比较广泛的港澳和海外工商界的关系，这对本身在香港就有老关系，又经多年在香港浸泡的周宝芬来说，则是一件如鱼得水的事，驾轻就熟。胡应湘、冯景禧、何贤等最早一批回内地投资的香港企业家，就是这样经过市工商联引介进来的。

全国首起"扬手即停"出租车、电子表厂、全国第一台冰箱生产线、中国大酒店、花园酒店、广深高速、沙角电厂等外资或中外合资合作项目，就这样一个接着一个落户广州。由于对自己引进的港商知根知底，所以只要是回内地投资的都很有实力，没有发现有开"皮包"公司的欺骗行为。那时，一般是周宝芬物色好并做好投资方思想工作后，再将投资方介绍给市工商联，然后，由市工商联的同事进行对接并落实。

郑康明是中山人，与周宝芬岁数差不多，毕业于香港达德学院。达德学院创办于1946年，时值抗战刚刚结束，国共内战方起，大批青年失学，中国共产党和民主党派人士遂协商在香港合办私立大专，共同培育真才实学的有志青年，就这样达德学院应运而生。参与创办学院的共产党人，是时任中共中央香港分局副书记的尹林平。达德学院当时选址屯门芳园，即著名将领蔡廷锴的别墅，学院中会集了邓初民、千家驹等一批著名学者，师资之强劲堪称史无前例。新中国成立前夕，达德学院被港英政府封校，师生随北上参加新政协筹建的爱国民主人士、文化界人士一起前往，参与了中华人民共和国建政工作。学院董事长李济深出任中央人民政府副主席，学院院长陈其瑗任内务部副部长，学院经济系主任、教授沈志远任出版总署编译局局长，还有不少学生参与接管金融、财政、海关等部门，更多则任职在北京、福建、广东等地侨务、外事部门。

郑康明参加了广州解放后的银行接收工作，回忆这段历史时，他说："广州解放后接管银行，我们找到负责人，对方最初质疑我们不懂行，我告知我就是会计师，要求交出'资产负债表'，又一项项去问，终于顺利接收。"郑康明后来还参与创办了广东省在港"窗口"企业——粤海公司，出任过粤海集团董事长。

中华人民共和国成立到 1978 年以前，中国家电工业几乎可以说是"零"，能够进入家庭的电器只有很少量的电风扇和电熨斗。国产电冰箱寥若晨星，主要供工业、医疗单位使用。自己研制的洗衣机工艺粗糙，水平很低，年产只有 300 多台；而空调、电热器具等更少见。许枚这个二轻的老行家抓住这个不可多得的商机，以补充贸易的方式，让粤海垫支 100 多万美金，为市二轻局所属的一家只有百余人、亏损过百万的二轻机修厂，从新加坡引进了内地第一条二手的电冰箱生产线。

1982 年 11 月 12 日，这家已改名为广州冰箱厂的企业开始试产电冰箱，结果平均每分钟可生产一台，一天就是 124 台。"冰箱一生产出来，不得了啊，很多人抢着买冰箱。而粤海公司则在香港卖此款冰箱的内地提货票，创造'香港买单、内地提货'的奇迹，很快就收回垫付的外汇成本，还赚了大钱。而能够借到外汇换来设备生产冰箱的厂家，就是后来曾经让其生产的冰箱瞬间占据全国市场半壁江山的万宝集团。"据报载，到 1988 年，万宝电冰箱产能已经超过 100 万台，年产值 10 多亿元，名列中国电子电器 100 强之首。而那时，当今的家电巨头美的、格力、科龙的排名不过 20 至 50 位之间，青岛海尔才刚刚达到 20 万台。

邓焜先生知道周宝芬已经不在中国国际信托香港分公司上

班，便邀请他到其开办的华联财务公司工作。这家财务公司的注册资本是 1250 万元港币，其中周宝芬注资 50 万元港币。公司主要的业务是为需要购买机床等设备的人提供贷款，按分期付款的方式回款并收取利息。周宝芬在公司任执行董事，做财务工作，参与投资决策。"在此期间，由于业务的关系，香港财经界的朋友圈又大了许多。"

那时华联财务公司的生意很旺，一边接受存款，一边借钱给人，年盈利非常可观。周宝芬入资的 50 万元既有年息又有分红，全部计算起来每年可以收入 10 万元。事物总是盛极而衰，盈满则亏。就在华联风生水起的时候，公司总经理得悉时任菲律宾总统马科斯的夫人欲投资天津一块地皮搞地产，便认为可以通过入股她的这个项目大挣一笔，于是就决策将公司的大部分资金投进这个地产项目。人算不如天算，就在公司钱进到这个项目不久，执政 21 年的马科斯却因为专制和贪腐被人民赶下台，该项目随即烂尾，而华联财务公司因投资失策，损失惨重。1985 年，广州在香港创立越秀企业有限公司后，周宝芬依然在华联财务公司兼执行董事，但主要的精力是放在越秀公司的经营上，华联公司的事也就没怎么管，更没有去上班。但因为是该公司的股东，所以依然年年都有钱分。

中国所走的改革开放之路，是全民共同富裕之路。所以，无论为公为私做生意，宗旨都应是为人民为国家服务。这就是 20 世纪 50 年代，周宝芬和多数民族资本家响应党的号召，率先实行公私合营的初心，也是改革开放伊始，周宝芬以及内地与香港的杰出资本家参与创建中国国际信托投资公司的初心，更是此后与梁尚立联手创建越秀企业有限公司的初心。新中国成立和改革开放的前后历史证明，只有国家强盛，资本家的生意才会越做越大，越做越强；只有以民为本，生意才能红红火火，永续不衰；只有居安思危，才能赢得一个又一个对手，永远立于不败之地。

2018 年 7 月，《财富》杂志发布 2018 年"世界 500 强"排行榜，共有 120 家中国公司入选，已经非常接近美国（126 家），远超第三位的日本（52 家），其中有 3 家排在前 5 位。这是解放前所有中国人想都不敢想的，即使是改革开放了，谁也没有想到我们国家的企业能够前进得这么快。正因为如此，周宝芬始终不忘初心，以实际行动当好"公家"工商业者。

第九章　成功创办广州境外首家"窗口"企业

按照"港事港办"的原则，广州在香港创办广州第一家境外"窗口"企业——越秀企业有限公司，掌握开放引进的"主动权"。已经在现代香港浸泡了几年、熟悉经营管理、人脉又广的周宝芬终于再次有了用武之地。

利用香港的海外游资发展广东，早在 20 世纪 50 年代中叶，广东省委第一书记陶铸就曾经提出过。

1979 年 7 月，中共中央、国务院正式批准广东在改革开放中实行特殊政策、灵活措施和创办经济特区，为广东的改革开放奠定了基础，使广东成为中国改革开放的窗口、综合改革的试验区和排头兵，期望广东为国家实行对外开放政策提供宝贵经验。此时，担任中共广东省委第一书记的习仲勋、担任中共广州市委第一书记的杨尚昆提出发挥毗邻香港、澳门的优势，在深圳和珠海兴办出口加工区，通过发展外向型经济带动内地经济的腾飞，得到了中央的充分肯定。

正是在这样一个开放的大背景下，20 世纪 80 年代初，广州市委、市政府开始策划在香港开设一家机构，用于引进资金和先进技术，通过借助香港的资金、设备、技术、人才和管理方面的长处，促进广州经济社会的迅速发展。如果说招商引资是"借鸡生蛋"，那么在香港成立中资商业机构，进行经营活动则可以理解为"借鸡孵蛋"，这是内地城市经济体制改革中的一种创新，需要解放思想，突破传统思维的束缚。基于这一认识，广州市委、市政府指示市港澳经济工作小组，认真研究在香港、澳门创立"窗口"企业的实施方案。

1984 年 5 月，中共中央和国务院决定，进一步开放广州等 14 个沿海港口城市。要求这些城市实行对外开放，发挥优势，更好地利用其他国家和地区的资金、技术、知识和市场，推动老企业的更新改造和新产品、新技术的开发创造，增强产品在国际市场上的竞争能力，促使自身从内向型经济向内外结合型经济转化。同年，根据国务院的部署，与全国 14 个沿海港口城市一样，广州成立经济技术开发区。开发区成立后，紧紧围绕经济建设这个中心，坚持"以引进外资为主，兴办工业项目为主，加工出口产品为主，致力于发展高新技术产业"，一步一步发展成为境外投资者登陆国内市场的"桥头堡"和国内企业开拓国际市场的"跳板"，较好地发挥了体制改革的"试验田"、对外开放的"窗口"和连接国内外市场的"桥梁"的作用。

同年 10 月，国务院批转了国家计划委员会、国家经济体制改革委员会《关于对一些城市要求在国家计划中单列户头处理意见的报告》，同意报告提出的对"60 年代初期曾实行过计划单列的哈尔滨、广州、西安三个省会城市恢复计划单列，并赋予其相当于省一级经济管理权限"。自此，广州重新成为国家计划单列城市。"计划单列"意味着广州独自在香港、澳门设立"窗口"，公司有了"绿色通道"，只要上报国家计委批准就可以，无须经广东省政府批准。

1993年7月，广州被国家又一次取消计划单列资格，但却升格为副省级市。广州这9年的计划单列，对其进一步改善投资环境，不断增强对外商投资的吸引力，意义重大且深远。历史表明，自1984年起，正是在国家层面的各种政策与资源的扶持下，广州的改革开放全速驶入了"快车道"，经济建设从此进入了新中国成立以来发展速度最猛、势头最好、成就最高的历史时期。

此时担任广州市市长的叶选平，是新中国成立后广州市首任市长叶剑英元帅的长子，比周宝芬还小一岁，既有担任延安兵工厂工人、机床厂车间副主任、机床厂副厂长兼总工程师的基层工作经验，又有担任国家科委三局局长、广东省副省长兼省科委主任的领导工作经验。他深知，国家恢复广州"计划单列"的城市定位，是加大广州改革开放力度和加快广州发展的一个契机，只有把握好这一千载难逢的机会，充分利用中央赋予广州的各种优惠和便利政策，切实发挥广州与港澳地区天然的人文优势，广泛深入调动港澳广大工商界人士的爱国爱乡热忱和积极性，才能最大限度地引进广州发展外向型经济所需的资金、技术、设备、人才和管理经验，为广州经济社会发展注入生机和活力。

要做到这一点，不能坐等外商外资找上门，而应该主动"走出去"，借助广州较为深厚的香港澳门人力资源，打造一个可以全天候对接港澳和海外发展经济的资源平台。在这样的远见卓识统领下，1985年，广州市委、市政府决定把市港澳经济工作小组改组为在香港、澳门设立的日常办事机构，作为广州联系港澳台同胞和海外侨胞的"南风窗"，作为广州通达世界的"窗口"，加大广州的招商引资和贸易创汇力度。为办好广州在香港的"窗口"企业，叶选平市长还专门叮嘱筹办人员要贯彻落实"一国两制"方针，坚持"港事港办""澳事澳办"的原则，入乡随俗，按照市场经济体制的运作模式经营企业，通过学习借鉴世界先进的企业管理经验，切实把广州在香港和澳门的第一个"窗口"企业做大办强。

可能同缘分有关，就在市里做出在香港创办"窗口"企业的决定不久，省里决定梁尚立因年龄关系不再担任广州市副市长。由于他此时还兼任着广州市港澳经济工作小组组长，所以市委就顺理成章地推荐他出任广州在香港成立的首家"窗口"单位的"一把手"，并由他负责企业的"组阁"。此时，接到市政府这一任命的梁尚立刚满64岁。他领衔后，第一个想到的就是找周宝芬做搭档。除了两人有着多年的交情，又是市工商联的上下级关系之外，还有就是周宝芬没有辜负他的信任，在改革开放起步的前后两年多时间里圆满完成了赴港接收广州境外首笔捐赠的任务，再就是周宝芬刚刚参加完中国国际信托投资公司的筹建工作，有经验。因此，无论对周宝芬的能力还是人品，他都是十分信任的，故提名周宝芬担任这个广州的香港单位（企业）的副职。

周宝芬起初还是推托的，不想又像在中信那样被人误会，后来架不住梁尚立的再三劝说，勉勉强强答应了。诚然，对筹建中信的那段往事，周宝芬内心是十分坦然和坦荡，他坚信清者自清，只要一心向事业，早晚有一天人民会还他一个清白。

第六届广州市政协主席罗培元回忆此事时指出："当时广州市决定在香港办企业，把梁尚立和周宝芬两位政协副主席调去任正、副董事长，主要是考虑他们都是广州市工商界著名人士。其中，周宝芬还是岭南大学毕业，与海外岭大校友和'三胞'有广泛的联系，在广州的工商界也有威信，是多届全国政协委员。让周宝芬到香港，可以更好地发挥他在市营企业和联系港澳委员的才能作用，而且周宝芬在越秀工作还是不拿津贴的。"（摘自《风雨同舟——庆祝政协广州市委员会成立五十周年纪念文集》）

事实也是如此，自 1985 年参与广州市在港"窗口"企业——越秀公司的创办并出任副董事长，至 1990 年卸任离开越秀公司，这整整的 5 年间，周宝芬这位始终对公家的事最上心的工商业者，还是没忘初心，始终恪守老习惯，不领公家一文一毫的补贴。在越秀上班时，周宝芬每月能领到 6800 元港币的生活补贴，是他在市轻工局每月工资的 30 倍左右，这对当时在内地工作的干部来说是一笔非常可观的收入。但他不但没有领，而且还一门心思想着如何为企业开源节流，把公家的事做大做好。

起初，广州在香港创办的首家"窗口"公司是想用"新穗"这个名在香港注册。这是因为广府话的"穗"与"瑞"读音相近，且不少公司都有一个"瑞"字，如瑞兴百货等。而"新"的英文 sun，是太阳的意思，所以大家才有用"新穗"的名号注册公司的想法。可惜，因为已经有人注册在先，只好作罢。后来，大家又想了几个名号去注册，结果都一样，没有得到批准。这一来一往，使公司起名注册前后共耽搁了一个多月的时间。

正在大家为公司起名并在香港注册的事情头痛的时候，周宝芬主动向梁尚立提出承担这项重任。因为在香港注册公司一般都需要由注册会计师按规定程序办理，所以得到梁尚立的批准后，周宝芬就找来已经是香港会计师的干儿子，协助公司在港注册，他二话没说就答应了。于是，周宝芬结合一般老板给自己公司取名的做法，向公司提出了四个可供选择的公司名号：第一个叫"越秀"，为广州最著名的山峰；第二个叫"海珠"，为广州最著名的桥梁；第三个叫"五羊"，为广州起源最著名的典故；第四个叫"羊城"，为广州最著名的别称。征得梁尚立同意后，周宝芬将起好的这四个备选名交给干儿子去注册，很快，"越秀"这个公司名号便被香港注册机构正式批准可以挂牌。究其原因，是由于越秀的 YueXiu 拉丁拼音，在英国管治香港这么多年里，是没有这个名字的，所以就通过了。当然，用越秀还有一个更重要的原因，是越秀山五层楼系广州市的地标。

叶选平市长得悉广州在香港创办的首个"窗口"企业已经用"越秀"的名在香港注册后，欣然题写了"越秀企业有限公司"的企业名称。至于越秀公司的徽标，是由大写的英文字母组成，一个是 Y，另一个是 E，看起来像一只即将腾飞的鹰。其中，Y 代表越秀，E 是英文 Enterprise（公司）的缩写。为了这个徽标图案，越秀公司当初专门拿出 1 万元，组织了一个面向全市的"越秀公司徽标图案"征集活动，以有奖征集的方式，取好择优，集思广益。公司高层从参赛的上百份图案中挑选了 15 份进行终审，通过公司负责人反复讨论，决定以当中 3 份作为基础图案，取其优点合为一体，形成了上述的版本。如今 30 多年过去了，越秀公司依然使用这个图案作为徽标。

越秀企业有限公司成立初期是"一企两司"。设在越秀山脚如今叫新以太的地方（今南越王墓对面）办公的，叫广州越秀公司；设在香港的叫香港越秀公司。不久，觉得广州越秀公司没有存在的必要，就让其结业了，并整体与香港越秀公司合并。完成越秀公司的筹组后，周宝芬已六十有二，由于此前发生了中信那样的小误会，此时的周宝芬已经不是那么想做生意，更不想在公司任实职。但架不住叶选平市长的坚持和大家的挽留，"老周你既然出了这么多力，不怕再做多点贡献""公司还是少不了您，把公司送上轨道再说吧""反正您都要帮公司的，挂个名比不挂名好"，在半推半就的情况下，周宝芬出任了越秀企业有限公司的副董事长，当了梁尚立的副手。"当初我是真的不想在公司担任什么职务，可叶选平市长却坚持叫我当。我说我不当啦，帮公司忙做点事就好，但他还是坚持要我当，说是名正言顺。见避无可避，不好意思再推，我就说当可以，但不要工钱，即不拿每月的生活津贴和生活费，什么都不要，算是义务帮忙。这个庄严的承诺，我在越秀 5 年始终坚守并践行。"

越秀企业有限公司成立日，最终是定在 1985 年 4 月 18 日。选择这一天作为公司的生日，不仅经过一番思量，而且也是有特殊用意的。广州的春季广交会一般都是每年 4 月 15 日开幕，此时香港中华总商会等社团都会派人，或组织其所联系的香港工商界人士来广州参加广交会开幕式。开幕活动结束的第二天，即 4 月16 日，这些来自港澳侨的商界代表会参加组委会安排的活动或走访亲友，比如去从化、去西樵山、去七星岩等地玩玩。以前，周宝芬负责接待安排广交会的港澳侨工商界朋友玩的也是这样的套路，组织与会嘉宾到广东各地各处看风景，品尝广东各地特色菜肴，谈天说地，加深认识，增进了解，实际就是图个形式、走个程序，真正的生意此前早就洽谈完了并签好了约，没有急事的留下来到处转转，就是为了给东道主捧个人场。第三天即 4 月 17 日，港澳侨来宾会休整一天，然后返回香港澳门。公司将生日选择在 4 月 18 日，目的就是吸引更多的与会嘉宾，尤其是港澳侨工商界人士参加公司成立仪式，让更多的商家知道广州在香港建立了自己的贸易公司，扩大公司在港澳台地区的影响。当然，用广府话来讲"18"即"十八"，与"实发"谐音相通，意头好，所以粤港澳侨有企业成立、商家新张一般都会挑选这个日子。

越秀企业有限公司成立时，广州市政府核拨了 500 万美金作为启动资金，这相当于当时的 3900 万港币。然而，这笔款待公司在香港买完写字楼和员工宿舍后，已所剩无几。公司日常运作所用的钱，可以通过市属广州信托投资有限公司、省属广东信托投资公司担保在香港借支。其间，广州市信托投资有限公司还专门为越秀借钱给香港汇丰银行写了担保信，该行中国部很支持越秀，后来还专门借 2000 万美金给公司作营运经费。越秀用这笔钱购买亿利大厦一层楼作为公司办公用房。

随着越秀企业有限公司在香港站稳脚跟，尤其是梁尚立与周宝芬对叶选平市长"组建越秀公司由你（指梁尚立）来负责，企业在香港开办按照香港规矩办"嘱咐之认识的进一步加深，他们开始感到"港事港办"的办企原则不是权宜之计，而是长久大计。自此，他俩带领公司班子紧扣"港事港办"的办企原则，围绕以香港的现代企业运营方式塑造与世界先进企业接轨的越秀，逐步构建适应公司在香港乃至全球发展的体制机制。

打造类似香港与世界趋同的现代企业运行方式。香港是老牌资本主义国家英国打造的世界一线城市、国际化大都市，其企业运行具有世界的示范引领作用。按照香港办企业的规矩办企业，就是依照国际现行企业规则的同行标准办企业，做到有所为有所不为。要深刻认识、全面把握香港办企的国际规则与标准，做到规则允许的大胆做、坚决做；规则禁止的，就算有利可图，亦坚决不为。

同时，着眼于构建香港式的企业运行机制，建立严格规范的内部管理制度，建立完整且经得起检查的财务制度，明确规定事无巨细都要进行申请、报备、登记，整个过程全部记录在案，一清二楚，有根有据。其中差旅费管理的规定就十分详尽明细，上自董事长、副董事长、总经理等高管，下至中低级职员都有对应的规定。比如，高管外出开会，就规定如果是一落飞机就马上开会的，可以坐头等舱，否则只能坐商务舱，帮助公司多节约点经费。"我开厂时，要求有用的东西不能随便扔，连垃圾也不能轻易浪费，要尽量变废为宝。我的作风如此，希望越秀公司亦然。绝不能因为钱不是自己的，就不爱惜，胡乱花，胡乱用。"

周宝芬这个解放前的私人企业老板，解放后的公家企业老板就是这样想的：凡事一定要有规矩，无规矩不成方圆。为私人打工就要为私人着想，为公家做事就要为公家着想。在越秀公司上班，在广州市轻工局领每月的200多元、后来三四百元的工资，不领生活津贴，是有原因的。

打造背靠广州、立足香港、面向全球的经营模式，周宝芬和梁尚立对"港事港办"原则的理解，起初还是局限于战术方面的考虑，没有从战略高度去认知，尤其是将其上升为走香港"本土化"发展之路的公司最高发展战略，却是经过一个认识——再认识——再认识的过程。当时对公司班子最大的约束是在用人方面。由于公司是内地设在香港的企业，公司就将内地党管干部是政治准则、政治纪律，片面理解为员工只能从内地招，招香港人就违反了纪律。所以，越秀企业初创时，公司员工基本是广州外派的。

通过一个时期的经营实践，周宝芬发现越秀公司运营成本比较高，盈利与香港当地类似公司相比较相差甚远，于是就认真排查原因。通过排查，他发现原因是公司人力资源成本比较重。香港同类公司的员工只需付薪酬就可以，而越秀公司除了薪酬之外，还要支付往返穗港的交通费、驻港的住宿费等在港生活的配套福利，表面上香港同类公司员工的薪酬高些，实际上越秀公司员工加上隐性福利，其薪酬比人家最少高三分之一。

周宝芬算了一下，当时越秀公司每个外派员工每年连薪酬福利在内需要支付 20 万元港币，而在香港请一个已经具有一定业务水平的经理，每月薪酬 1 万元港币左右，一年下来只需支出十二三万元港币。换句话来说，广州安排一个外派干部来越秀的支出，在香港差不多可以请两个人。况且香港本土员工熟悉香港情况，广府话和英语都熟练，容易与港人西人沟通。而外派干部虽然政治素质好、工作热情高，但是经商的历练、做生意的能力、语言等同香港同行比还是有比较大的差距。

办企业如果不计算投入产出比，实行成本核算，尽可能压缩成本，必定破产。公司向上级做了反映，得到了支持。自此，公司确立了实行香港"本土化"的发展战略，招香港人才，请香港员工，办一家广州办的名副其实的香港公司，借国际化香港之优势促使越秀公司尽快与世界各国尤其是西方发达国家接轨。实践证明，公司这条路不仅走得对，而且走得早。现今，中央提出打造粤港澳世界级大湾区就是越秀公司当年在香港实践的升级版，就是要集聚发挥港澳台的人才高地优势、开放发展的优势和国际化营商环境的优势。

打造中华优秀传统经商文化特有的诚信经营体系。在有着5000多年历史的中国，诚信是家喻户晓的。孔子曰："人而无信，不知其可也。大车无輗，小车无軏，其何以行之哉！"曾子说："君子有大道，必忠信以得之，骄泰以失之。"当初，周在秀就是靠诚信经营乡村杂货铺，赢得乡亲们的信任而转行为乡亲们办理外汇承兑，成功地挣到了去香港投资的"第一桶金"，而后也是靠诚信在香港把企业做大做强。这是周家做人经商的原则，也是周家办实业制胜成功的法宝。这种精神在周宪钜时得到了传承和弘扬，所以他的生意越做越大，最终成了一个超级集团公司。

周家的这种诚信精神深入周宝芬的骨髓。当时，香港不少企业多半都是做两盘账，对内一盘账由公司高层自己所掌握，对外一盘账是应对政府部门审查的。做两盘账的目的就是想方设法避税，获取更多的利润，港英当局不查或查不出就好，一旦查出就会以涉嫌偷税漏税来论处，此时就不是利润还有没有的问题，而是可能连血本都没有的问题。为此，周宝芬和梁尚立管理越秀公司期间，始终将"诚信"作为立企兴企强企之本，始终坚持只做一盘账。结果，无论是港英当局税务部门按例巡查越秀公司，还是广州市政府有关部门年度审计，都没有查到公司有偷税漏税等违规问题。

当时，周宝芬想，广州市委、市政府派他们来是做大生意的，大家心里一定要有大格局、要有长远目标、要有脚踏实地的精神，不能鼠目寸光、不能偷奸耍滑、不能搞所谓弯道超越。公司起步虽晚，但绝对不能因此而浮躁冒进，逾越依法行事的底线，背离诚信经营的民本精神。正因为越秀公司当时搞一盘账，如实向港英当局和广州市政府报告每一年的经营情况，诚信纳税，所以许多外国商家都愿意借钱给越秀公司发展和经营。

为加强越秀公司的诚信体系建设，进一步提高公司的诚信知名度，周宝芬和梁尚立决定在公司打造"阳光财务"，专门邀请一位从澳洲留学归来的香港学生王之强（Berne Wang）当公司的财务总监。王之强走马上任后，在香港商圈里引来很大的震动。连最核心的财务总监都请香港人来做，说明这家内地在香港的企业没有什么见不得光的，的确是内地办的纯香港企业。

越秀公司请了香港人当财务总监，使在港很多投资机构、银行对越秀公司更加信任。当时，日本在港投资机构非常有钱，想做投资，于是他们便经常上门拉拢越秀，提出借钱给越秀发展，日本住友银行就是这其中比较著名的一家。有一次，越秀公司借了 6000 多万元美金（当时最大一笔），即 4 亿多港币，对方都不需要公司找担保。后来这笔款公司用于收购物业，盘活后再出租赚取租金。所以，周宝芬诙谐地对人讲："做大生意，不需要钱，签名就得了。"当然，这是表面的，实际上是以公司有诚信为前提的，让你签名就意味着人家信你，人家对你的公司有信心。

当时，越秀企业有限公司由于进出口业务生意不好做，于是便出资同热心公益事业的港商陈湖昌合作，组建越秀房地产公司，越秀公司占股 60%，陈湖昌的公司占股 40%。公司的第一个房产项目是在香港秀丽阁盖了一栋 25 层的住宅楼，因为质量好，很好卖，结果越秀公司挣到了钱。

第二个房地产项目是将香港的新浦岗戏院改造为新浦岗越秀花园。随着电视的不断普及，以前生意不错的新浦岗戏院门前冷

越秀集团周宝芬等人在澳大利亚考察当地羊毛厂

落，经营惨淡，戏院的老板娘无力回天，只好关门收档，移民外国。越秀地产通过经纪人联系上老板娘，并请她回香港洽谈购买其戏院整栋楼的事情，最终双方达成了 1.1 亿元港币的成交价。之后，越秀地产采取向银行贷款的方式，买下了戏院整栋楼，然后出资装修，间隔好后再出租，用租金偿还从银行借来的钱，玩"借鸡生蛋"的挣钱法，结果没花多少钱就"生"出了一个天天不断"下蛋"的挣钱项目。

后来越秀地产与陈湖昌分家，这栋戏院楼被作价 4 个亿。再后来，启德机场搬迁，这栋戏院楼就没有了限高的制约，越秀地产趁机把这栋楼拆了重建，起名"越秀花园"售出，收了 11 亿元港币。

改革开放初期，由于香港是整个内地进出口贸易的主要通道，经济发展迅猛，人才流资金流急剧集聚，地产业迎来了前所未有的发展机遇期。那时不要说卖楼花，就是炒楼花都非常赚钱。越秀企业有限公司开头的盈利基本是源于地产，是靠经营地产项目赚来的。而越秀公司初创时之所以选择搞地产，是主观意志没法左右客观规律的结果，是对资本投资与生俱来逐利倾向的能动反映，是经营个体适者生存的必然选择。但在公司从香港当时经济发展的实际出发，明智地做出及时开发地产经营项目的抉择后，便引来许多不懂港情，不谙现代商道，且自诩"政治上一贯正确"的有关部门及有关负责人的非议和责难。

泰国总理差猜在家里接见前来洽谈项目的越秀集团领导

实事求是地讲，广州市成立越秀公司初心之一是为了促进全市进出口贸易的进一步发展，通过大量引进资金、引进技术，助推广州发展经济。但那个时期，由于内地只有香港这么一个国际转运港，做进出口贸易生意十分热门，因此整个香港是人都帮内地做进出口生意，结果大热倒灶，人人做，人人争，人人挣不到钱。越秀公司正是基于继续单一发展进出口贸易会蚀本，而决定进军地产业，为公司发展闯出一条新路。

想不到这一明智决策会引起众多的非议和不实的批评，他们中有的认为越秀做地产是不务正业，有的认为做地产弄不好会倾家荡产，有的认为是梁尚立和周宝芬擅自做主，想中饱私囊。但他俩硬是顶着这些来自上头的压力，成功地推出了一个又一个挣钱的地产项目。正是由于梁尚立与周宝芬无私无畏、敢于担当的精神，出于天生的商业嗅觉而做出的果敢选择，从绝处为越秀公司找出了一条生路，同时还带领大家开拓了这条新生之路，不然的话，越秀公司很可能会步内地不少城市在香港办的那些企业的后尘，难逃倒闭破产的厄运。

那个时期，得悉广州在香港、澳门分别创建了"窗口"企业后，内地许多城市闻风而起，纷纷到香港创立自身的商业机构。这些公司的立足点和出发点基本一样，引进资金，引进技术，服务所在城市。由于经营同质化，各个城市在香港的公司之间竞争十分激烈，加之没有及时谋求转型升级，因此，此类企业不是倒在激烈竞争之中，就是倒在转型的中途上，几乎无一例外。至今，内地各城市在香港的"窗口"企业恐怕就仅剩越秀这枝独秀。

《广雅》曰："秀，出也。"《尔雅》称："木谓之华，草谓之荣。不荣而实者谓之秀。"经营香港地产实业使越秀"秀"出了根基，"秀"出了前程，"秀"出了精彩。说来也是，改革开放初期给广州首批捐款的港商冯景禧、郭德胜、郑裕彤等人，早期都是做地产起家的，虽然后来有的做金融，有的继续搞地产，但现在都成了香港首屈一指的超级富豪。现如今的越秀集团地产业还是支柱，其所属的越秀房产信托公司继续收租，过着幸福的日子。

越秀企业有限公司从地产挣到钱后，就在香港购买了越秀大厦用来办公。购买越秀大厦作为越秀公司的总部办公大楼，是香港楼市进入低迷时期，越秀高层集体做出的合乎市场规律变化的决策。当时，香港一位商人在恒生银行贷款建了一栋大厦，楼建好，但这个商人却不幸破产了，导致这栋楼一直闲置，并抵押在银行手中。周宝芬和梁尚立得知此事后，觉得商机难得，就主动上门同这栋楼的债主恒生银行商谈，请求其将这栋楼卖给越秀，由越秀公司承担这个商人拖欠恒生银行约 8100 万元港币的债务。

恒生银行知道越秀的实力和诚信度，就同意了这一请求，并很快就将这栋大厦的产权手续转到越秀公司的名下。这么一大笔地产生意，越秀公司

越秀公司成立五周年领导班子合影

依然是银行借贷付账，一分钱都没花。接手这栋大厦后，公司还是老一套，重新间隔装修后分租出去，用租金偿还银行的债务与利息。

说来也巧，这栋大厦盘下来不久，香港楼市便升温并大热起来，随市上涨的房租很快就偿还了买楼的本金与利息。随后公司将这栋楼取名为"越秀大厦"，并将公司办公场所正式迁于此处。自 1986 年越秀公司首次在香港购进地皮算起，到 1990 年梁尚立和周宝芬离职越秀，期间公司总共购入 20 多块地皮及商住物业。这些地皮和物业储备一般长达 10 年，为越秀公司日后的发展坚实了基础，提供了后劲。

周宝芬是搞制造业出身的，加盟香港越秀公司后钟情地产业。一是受父亲的影响，有钱就买房，在广州、香港两地买了许多房子；二是好友香植球、冯景禧等香港商人的影响，他们都是地产兴家发家的楷模。香港做生意的这个突发奇想，成就了周宝芬个人后半程事业的辉煌，更成就了越秀公司不败的神话。

越秀企业有限公司随着经营投资范围的不断拓展，对资金的需求量越来越巨大，光靠向不同的银行借贷已经无济于事。为拓

宽公司融资渠道，满足公司剧增的投资需求，越秀公司参考香港同类企业的经营模式，成立了财务公司，专门负责资金募集与使用的管理服务工作，为企业上市融资做准备。梁尚立和周宝芬凭借与香港商界尤其是投资证券界的良好关系，通过汇丰银行的介绍，以越秀公司的名义购买了华盛玩具公司的一半股权，同时将之更名为"华盛国际"在香港上市。此举解决了内地国有资产背景的企业无法在香港股市上市的问题，开启了内地中资企业在香港买壳上市的先河，更为越秀企业有限公司后来在香港上市奠定了坚实的基础。

朱森林任广州市市长时，梁尚立由于加强对台经贸合作心切，上了不良台商的当，造成越秀公司投资受损。

1981年9月30日，时任全国人大常务委员会委员长叶剑英代表中国共产党、人大常委会、国务院，进一步阐明关于台湾回归祖国，实现和平统一的九条方针政策。这九条方针政策日后被称为"叶九条"。"叶九条"发表后，中央党政领导人和各方面知名人士、爱国同胞纷纷发表谈话表示拥护。有关机关团体还提出了相应措施，准备对台湾各方面人士归来予以优厚的接待。

第二年年初，即1982年1月，邓小平更明确指出，九条方针"实际上是一个国家、两种制度"。由于这一方针政策，既考虑到国家统一的民族利益，又照顾到台湾同胞的实际利益，所以自此两岸关系进入了一个新时期。

有关海峡两岸和平统一"叶九条"方针政策的发表，促使两岸"三通四流"（通商、通邮、通航与经济交流、文化交流、科技交流与体育交流）大幕拉开。就在两岸大门洞开，"三通四流"顺利展开之际，爱国民族实业家、时任全国工商联副主席张敬礼要把女儿嫁给香港商界巨子唐翔千的弟弟唐正千（1935 年出生，江苏创宁实业发展有限公司副董事长，香港汇涛公司董事）。张唐两家其实都是无锡同乡，当时唐翔千是全国政协常委。20 世纪70 年代，香港棉纺业蓬勃发展，带动香港本土各项成本快速上扬。唐翔千意识到要把生产成本大幅度降下去，必须带领棉纺业走出香港这个弹丸之地，把工厂搬到人工、地租都低许多的地方去。唐翔千希望借助全国工商联的关系打通对台的贸易，但事与愿违，很多条件限制导致他三年都没有做成一笔生意。

梁尚立与张敬礼是认识的，也与唐翔千相熟，言谈之间，得悉无论大陆还是香港方面都想开拓台湾这个市场，借此加强两岸的经贸往来，促进两岸和平统一。也就在这个比较特殊的时候，梁尚立认识了一个叫管敬中的人，据说此人有一定关系，可以促成两岸的经贸合作。基于此，越秀公司便通过管敬中在台湾投资500 万美金，买了一栋写字楼，成立了"立中公司"。立，就是梁尚立的"立"；中，就是管敬中的"中"。意即两家都有份并推动建立一个和平统一的中国。

梁尚立和周宝芬说，成立"立中公司"一事，他曾请示过上级领导。当时，越秀高层对管敬中是充分信任，还将立中公司所有大小事情都交他一人打理。立中公司那时的主要业务是从北京购进煤和铁，然后再运到台湾销售。台湾因为资源比较匮乏，做两岸资源生意确实是一个难得的商机，所以一个时期里越秀公司通过立中做生意打开了对台贸易之门。

联营期间，越秀和立中约定付款的期限是 90 天，也就是发货后 90 天，立中必须把货款全额打到越秀账户，这样资金才能正常周转，生意才能循序持续。随着合作时间的拉伸、次数的增加，越秀高层误判对方也像越秀那样讲诚信，可以信得过，以为对方拖延几天支付货款是遇到某些周折，实属正常，不是故意，没有及时提醒，更没有处罚，致使对方越来越放肆，后来更是拖延到120多天才支付货款。

其实，周宝芬潜意识中对管敬中是不信任的，碍于梁尚立的关系，他也不能把这种没有事实依据的个人想法坦露出来，所以总是在心里不断地说服自己，是自己多虑了。多次原谅其明明可以按时还款，就是拖着不还，必须多次催促才还的行为，并将之视为生意场上一种惯用的手法，认为勤点催就可以了。一次，周宝芬正好从香港搭飞机到加拿大温哥华探望女儿，临上飞机前专门给管敬中打电话，要求他把拖欠的600万元美金货款尽快返还给越秀公司。没有想到等周宝芬三个月后从加拿大探亲回到香港，管敬中都没有偿还货款，此刻，周宝芬预感出大事了。

事情真相大白后，周宝芬才知道原来管敬中早就与越秀公司财务经理李大熹相勾结，由李大熹在越秀公司收到600万元美金的货款后，再将货款按原来的渠道退还给管敬中。这往来几个来回，总账一算，管敬中以拖欠货款的方式，共侵吞越秀公司2000万元美金。按当时1美金可兑换10元人民币来计，大约是2亿元人民币。由于管敬中人在台湾，所以拖欠的2000万元美金最终是打了水漂。

梁尚立由于此事被扣在广州接受调查。广州方面向新华社香港分社经济部查问此事，该部解释说越秀公司在台湾建立公司是出于推动和平统一大业的这一大局，梁尚立在加强两岸经贸往来中受骗上当，造成生意方面的损失应该予以理解，但他没有私吞公款。此事终局是梁尚立因个人清白，前因后果清清楚楚，总算是大步跨过。当时，如果没有新华社香港分社有关知情人员及时正确的解释，只有梁尚立与越秀公司同事的一面之词，梁尚立肯定是要坐牢的。还好只是被免去了董事长职务并安排离开越秀公司，总算躲过了牢狱之灾。周宝芬是公司副董事长，在这件事上难辞其咎，受牵连是自然的。所以，周宝芬只好陪同"埋单"，这是周宝芬人生当中第二次被公家"炒鱿鱼"。

梁尚立确确实实没有贪污这笔巨款的主观意愿和事实，然而不管怎样，越秀公司遭受了巨大损失是摆明的。那时，周宝芬心里的确过意不去，也十分自责。他觉得自己和梁尚立承担这次投资失策的责任是理所应当的。这又不是私人生意，有赚有赔是十分自然的一件事，认真吸取教训，没有下次就可以了。这可是公家的生意，容不得半点闪失。所以，市委、市政府将他"炒"出越秀，他还是坦然面对的，没有牢骚，没有怪话，没有不服。

那五年，在周宝芬心目中，越秀公司就是自己家的公司。周宝芬起早贪黑为它打工，穷尽香港商界的关系为其寻找资金和投资项目，绞尽脑汁把其打造成一家正宗的香港企业。事实证明，心血没有白费。据了解，1990 年周宝芬和梁尚立离开越秀企业有限公司时，越秀已经由当初成立时市政府拨给的 500 万元美金（约 3900 万元港币），增加到账面现金 4 亿元港币，资产 32 亿元港币，负债 28 亿元港币。这所谓的负债 28 亿实际是使用贷款买来的地产资产，这些用借贷买下的地产资产如果出手，不仅可以偿还全部负债，而且肯定还有盈余。不谦虚地说，周宝芬和首任董事长梁尚立总共为越秀公司挣了大约 7 亿元港币，让 3900 万元港币的本金五年间翻了 20 倍，奠定了越秀公司日后成为中国前 400 强企业的基础。周宝芬和梁尚立创造的越秀公司的辉煌业绩，广州市委、市政府是认可的，越秀公司上上下下的员工是有目共睹的，香港整个商圈也是知晓的。

当初，如果不是他俩冒着各种非议和被撤职的风险坚持做地产，同时借壳上市集资发展，越秀公司恐怕早就被香港无情的商海抛弃，倒闭破产回广州了。事实也是如此，那时全国各大中城市在香港一窝蜂成立各式各样的进出口公司，随着我国经济特区和经济技术开发区的长足发展，及"九七"金融危机的爆发，都一个接着一个折戟沉沙。只有广州的越秀企业有限公司，由于梁尚立和周宝芬开了个好头，因此一路走来，不仅顺风顺水，而且越做越大，越做越强。

"实事求是讲，如果论功行赏，还是梁尚立做的贡献大。他1938 年参加中华民族抗日先锋队，从事抗日救亡工作，此后一直在党的领导下进行革命活动，后因病到香港休养并为抗先队筹措经费。1940 年 8 月回广州，在其父开办的梁培基药厂工作，支持抗日游击队经费和药品。解放后，初任梁培基药厂副经理，后任广州投资公司副总经理，长期担任市工商联、市民建的主要领导。改革开放初任广州副市长。在越秀公司初创时期，他是公司的定海神针，公司大小问题都是他拍板，尤其是关系公司发展的战略性问题、关键性问题、前瞻性问题，他不担大旗、不勇于负责，是没法决策和落地的，更不用说成功了。我只是从旁辅助，敲边鼓，抓落实，拾遗补缺。当然，这一切还要归功于当时的广州市委、市政府领导得好。"

梁尚立被"罢官"之后，留在香港继续做他的生意。他是一个闲不下来的人，由于是梁培基的后代，家力雄厚，加之深谙经营，各个层面的朋友又多，所以其本人早就有借"无官一身轻"

之机出来做自己生意的想法。1992 年，在邓小平南方之行的鼓舞下，在朋友的劝说下，老当益壮的梁尚立创办了百汇集团公司，自任董事长。

他重出商圈的第一个投资项目，就是与北京城建综合开发公司合作开发朝阳区二环路的地产项目，最终建成了一栋高级商业楼和两栋高级住宅楼。梁尚立的这个"出山之作"项目非常成功。这期间，他还担任广州市政协副主席（至 1998 年）、全国政协常委（至 2003 年）。2010 年 9 月 16 日，梁尚立在广州逝世，享年 91 岁。

周宝芬离开越秀公司并非自愿，是被"炒"的，实属无奈。本来心里就不舒服，可个别别有用心的人竟唯恐天下不乱，枉顾事实，颠倒黑白，造谣惑众。把周宝芬在越秀公司五年从来没有领公司津贴，因公务出差美国、加拿大也自掏腰包的这一铁的事实，编派为"周宝芬这个资本家哪有那么好心。在越秀公司他说不拿钱干活，是想拿更多的钱，故意搞个大大的投资失败，背后一定是个大阴谋，说不定同那个人早就一起数钱了，还不知他利用越秀公司谋了多少私利"。

人言可畏，但周宝芬始终坚信党组织是懂他的，所以他即刻从香港赶回广州，找到时任广州市委副书记、市政协主席张汉青解释："在越秀公司五年，我个人损失起码超过 100 万元。举个例子讲，其他人在香港都租房子住，我是公司副董事长，肯定也可以租房子住，但我一直住自己的房子。如果我跟大家一样，用公司的钱去租房住，自己的房屋用于出租，每个月起码能收入12000 元，一年就有 14.4 万元。其他的还有电话费补贴，当时电话费非常昂贵，1.2 元美金 1 分钟，餐费、水电费等各种费用我也都没领，还有每月 6000 多的生活津贴。这些全部加起来，五年我个人的损失肯定超过 100 万元，而且还是港币（当时港币比人民币值钱）。"张书记听后，表示对周宝芬十分同情和理解，认为周宝芬说的都属实，除了表扬和肯定之外，还鼓励说"党组织对你是充分信任的，要放下思想包袱，不要为人言所左右，党组织也不会听信那些不实传言"。

事已至此，周宝芬才终于从被"炒鱿鱼"的阴影中走了出来，心里舒服多了，生活又恢复到该吃就吃、该喝就喝的原貌。有爱说的你就说吧，反正我没有这样想，更不可能这样做。清者自清，浊者自浊，谣言止于智者。

离开越秀公司，周宝芬继续担任第七届广州市政协副主席。第八届广州市政协组成后，又连任，同时还兼任七届、八届全国政协委员，至 1998 年 3 月退休。其间，周宝芬在香港注册成立了一家公司，但没有做什么生意。之所以如此，是由于觉得大半辈子经商，老猫烧须出了越秀公司一个"大头佛"（广府话意即"笑话"），心真的有点累，而且力也不从心，因此便听之任之。

当然，周宝芬在香港还有不少房租收，那些都是父亲在香港留下的物业。至于手头上多余的钱，他则拿去投资股市，每年收股息。加上广州还有工资领，当时任政协副主席还配有相对固定的用车，生活是优哉游哉，无忧无虑，再追求什么也抵不过当下的幸福日子，还是修身养性、颐养天年好。

作为一个已经有了香港身份的公家工商业者，虽然工作过程中受过一些委屈，但周宝芬始终相信中国共产党。他坚信只有始终坚持党的领导，中资境外企业才会发展好。内地和香港的明天会更好，中华民族一定会迎来伟大复兴的这一天。

第十章　圆了心中岭南大学
在广州复办的梦

"一日岭南人，一生岭南人。"周宝芬在岭南大学前后读了 5 年，1949 年 7 月毕业，1950 年离校。如今 70 年过去了，他始终坚守爱国爱校爱校友和创新进取的岭南精神，永远把自己视为一名岭南大学的学生，一日就读，终身就读，一生践行岭南情。

中共十一届三中全会开启了改革开放历史新时期，得风气之先的广州人民"先行一步"，为岭南大学在广州复办创造了良好的政治氛围。而中美建交，邓小平出访美国，中美开航，校友伍沾德的美心集团获得首都机场飞机餐配餐合资经营权，也为这所过去具有美国教会背景的高校在广州复办提供了契机。加上众多校友的齐齐努力，终于使岭南校友的广州复办梦成为了现实。

改革开放前，我国民航的机上餐饮就是"饭堂"水平，首都机场也是如此，一个配餐间，30 多名配餐工作人员，每天骑着单车，提着里面装着午餐肉或凤尾鱼的罐头、煮鸡蛋、水果、饼干之类的饭盒送到机上。更有一些老式飞机上的乘客，吃的是统一加热的铝制饭盒中的米饭炒菜，喝的是乘务员从开水壶倒出来的茶水，和当时坐火车的餐饮待遇一样。就是这样简陋的航空餐，每天也要制作600多份，供应3家外国航空公司。

如今，广州人、香港人都愿意坐南航的飞机，一个重要的原因就是觉得餐食比较美味。在万米高空吃上一餐安全可口的饭，一直以来都是一个技术活儿：一是有正餐、点心餐、特色餐的标配区别；二是有食品加工的固定工序；三是专门的冷藏与冷藏配送；四是机上二次加热后再分发给旅客。

早期航食制作没有什么餐食的标准可言，没有保鲜用的冰箱，冬季连蔬菜都是从地窖里取出来的，更别提色香味了。乘客投诉机上餐食是常有的事，连国家领导都有意见，民航飞机上配的面包"吃一口，掉两口"，民航的配餐要改进，面包掉渣子不像话。这个意见让时任民航北京管理局局长汗颜。

改革开放之初，民航局也曾为了提升航空餐食质量，到日本以及中国香港等地考察，与国外配餐公司合作。但那时国家百废待兴，没有外汇给民航成立先进的航食公司。1978年10月，中美两国发表建交联合公报，决定从1979年1月1日起正式建立外交关系。1979年1月28日至2月5日，邓小平应邀访美，实现了新中国成立后中国领导人首次访问美国的"破冰之旅"。期间，中美双方签订了复航协议，计划在80年代初开通北京与旧金山之间的直飞航线。中美复航加快了中国民航机上餐饮业的改革进程，成为中国航空配餐对标世界水准发展的契机和动力。

航空餐并不是由航空公司直接生产，而是由航食企业负责生产制作，航空公司向航食企业购买，再提供给乘客。生产过程航空公司不管，但是具体的餐食搭配、吃什么菜，这些都是由航空公司客舱服务部根据不同情况来管理。那时，我国还没有一家真正意义上的航食企业。当时，已开辟北京航线的日本航空公司和瑞士国际航空公司都愿意借给民航局 400 万美元，并协助在首都机场建立配餐公司。日本航空提出的附带条件是航班优先起降，也就是不论别的飞机上是否有中国旅客，也必须让日航的飞机优先起降。如此过分的要求，在场中方谈判人员留下两个字"免谈"。瑞士国际航空公司则一切向钱看，不仅要收取高额的利息，还要平分利润，如此苛刻的要求，也同样遭到民航总局的拒绝。那时内地人观念比较陈旧，认为做饭嘛，只要有个锅就行了，没有生产线的概念，更不可能有能够胜任生产航食的企业。

距离 1980 年 5 月 1 日中美复航的时间越来越近了，正当大家为破解这道迫在眉睫的难题而一筹莫展的时候，担任了 20 年中共港澳工委书记（对外称"新华社香港分社社长"）、时任广东省革委会副主任的梁威林得悉此事后，第一个想到的就是饮誉香江餐饮界的伍舜德、伍沾德兄弟俩。因为新华社香港分社每年的国庆酒会基本上都在美心皇宫酒楼举行，所以梁威林对伍沾德很熟悉。梁威林向继任的王匡推荐了伍沾德先生。王匡很快就找到了伍沾德，他说："伍先生，国家开放后，要同国外许多地方通航，生产同西方标配的航空餐是件大事，欢迎您到北京谈一谈，帮帮国家这个忙。"伍沾德回答说："能够为国家做一点事，当然义不容辞，而'飞机餐'又是我一向兴趣之所在。"于是伍舜德、伍沾德哥俩就决定北上，进军内地航空餐饮业。

就这样，远在香港从事餐饮业的美心集团，进入了中美通航这一关乎国家声誉的重大历史事件。伍沾德，广东台山人，与周宝芬是四邑同乡，1922 年出生在美国，比周大一岁，也是岭南大学校友。伍沾德从岭南小学、附中一直读到岭南大学。伍沾德是香港美心集团的创始人，算得上是香港饮食界翘楚级人物。他天生就是一个生意人，早在岭南大学读书时，伍沾德就小试牛刀。1943年，正值抗战物资供应紧张时期，学校食堂突然加价引起学生不满。伍沾德和几个同班同学协商，决定组织学生膳食小组，自行包办伙食，他被公推为膳食部长。经过苦心经营，一学期下来，他们把同学们的伙食费节省了近三分之一。

1956年，伍沾德和长兄伍舜德在香港创立美心餐厅；1956年至1958年，美心在香港举办多个国际美食节；60至70年代，美心首开香港糕点及速食连锁店的先河；70至80年代，美心创办潮江春、北京楼、洞庭楼、锦江春、沪江春一系列外省菜馆，以及弁庆料理、桃山料理等日本餐馆，使美心集团升级为集中菜、西菜、速食、糕点、咖啡店于一体的多元化的饮食集团，同时还为多家机构与医院提供机构餐饮服务。1982年，美心在香港地铁（现称港铁）沿线各站开设多间美心西饼分店，再创业界之先河。1983年，美心将"皇家之星"号游轮引进到国内，促使世界各大邮轮相继组团到中国旅游，推动了国内旅游业的发展。1988年，美心进驻九广铁路（现称港铁东铁线）各个车站。至今美心已经成为全球华界"西饼王"，是香港最大的餐饮集团。

1979年3月至1980年3月，伍沾德多次前往北京，与中国民航总局局长沈图和副局长林政以及北京民航服务局负责人讨论在北京成立一家航空餐饮合资企业。双方前后签署了3次合同备忘录，但一直没有得到最高层的签字批准。1979年7月，中国第一部《中外合资经营企业法》出台，为双方正式签署合同开了法律"绿色通道"。于是，双方在刚刚出台的法律框架下，对合同的修改进行了具体的磋商，由于此前几乎没有先例，所以很多事宜比较难达成共识。到 1979 年的 11 月，距离中美复航的日子只有半年时间了，但合同还是没有正式签订。合同没有签字生效，就不能引进先进的航空餐饮生产设备，设备进不来，所有事都会泡汤。

这时民航总局还真的急了，沈图问伍沾德先生："如果没有签合同，您能先垫付 160 万美金为合资企业购买设备吗？"沉默半分钟后，伍沾德告诉沈图："我们是中国人，我们相信邓小平，我们相信中国会开放。"沈图紧紧握住伍沾德的手，感激之情溢于言表。当时 160 万美金是一笔非常大的资金，伍沾德凭握手就决定了自己与民航总局的合作，充分体现其岭南学子爱国的热忱。

那时，采购一条先进的航空食品生产线亦不是容易的事，不锈钢台板、搅拌机、洗碗机、铁板烧的电扒炉、温控炸锅等等，一串长长的设备清单，整整 150 万美元，且大部分都要从美国进口。当时，美国对华尚处在禁运时期，伍沾德只好去找美国驻香港领事协助采购。起初对方很犹疑，伍沾德说："中国开放在即，你如协助做成此事，功劳很大。"伍又承诺由他在港订货并给钱。1980 年 2 月，全部设备运抵香港，伍沾德随即付清全部货款，转运至天津，由于没有提货单，货无法上岸，伍沾德只好同沈图马上拜会时任交通部长钱家昌，说明缘由，才被批准上岸。就这样20 多箱设备才从天津通过火车拉到北京。伍沾德铁了心要把北京航空食品有限公司（以下简称"北京航食"）做成世界级的航空配餐企业。为此，美心集团与香港置地公司就此进行合作。伍沾德对中央深信不疑。后来，伍沾德感慨道："那时决定此事的确是够大胆的。"

1980 年 3 月，距离中美计划复航之日不到两个月了，合资合同还没有正式签署，许可证仍然没有拿到。正在大家万分焦急的时候，邓小平向沈图了解北京航食筹备进展，同时询问伍沾德在香港做什么生意。邓小平问："他知道怎么做牛角面包吗？他做的面包掉不掉渣？"20 世纪 20 年代，邓小平在法国留学时就对牛角面包产生了兴趣。他知道，外国人做面包就相当于中国人做米饭，面包做得好，其他西餐也不会有太大问题。

沈图回答说："他会做，且知道怎么做才能做得更好。他是一名爱国的商人。"在邓小平的过问下，3 月 8 日，时任外资管理局局长汪道涵批准了合同文本。三个多星期后，国家计委、建委、经委等多个部门 20 多人先后在合同文本盖章签字。4 月 12 日，伍沾德终于拿下中华人民共和国外国投资管理委员会外资审字（1980）第一号许可证。4 月 15 日，依法成立的新中国内地第一家中外合资企业拿到了发给的国家工商局执照。5 月 1 日，中外合资北京航空食品有限公司宣布诞生。

北京航空食品公司，由中国民航占股 51%，由香港伍沾德先生占股 49%。作为大陆首家航空配餐公司，北航当时配备的是世界最现代化的餐食生产设备，厨房使用管道煤气，案台、蒸锅、炒锅都是不锈钢的，清洁用高压水枪，电制煎炸锅可以随意控制油温。这些今天看似平常的厨具，在 20 世纪 80 年代初无论宾馆还是百姓人家，都十分罕见。北京航食引入适应市场经济体制机制的企业管理方式。比如，航空配餐食品安全管理方面，明确要求刀、铲、炒勺等厨房用具使用易于清洁的不锈钢材质，不能配木质把手，以免滋生微生物；员工进入生产区域和加工间洗手，要使用43摄氏度的温水洗手，同时统一调整为感应式水龙头，以免造成二次污染。

世界级高起点，使北航起步时就是全国最好的，不到5年就有了外国航空公司的订单，北京奥运期间则达到世界先进水平。1980年5月1日，中美直航如期开通。5月2日，美国泛美航空首个航班波音747客机自美国旧金山飞抵北京，国家民航总局在和平门烤鸭店宴请了美国民用航空局和首航机组人员。翌日航班离京返美，眼看北京航空食品公司的配餐终于成功装上了飞机，伍沾德校友一年多来的辛苦，这一刻都变成欢乐和自豪。

而在邓小平访美时任专机机长的我国著名飞行专家、时任民航北京管理局长兼北京航食董事长徐柏龄的眼里，外方提供的不仅是外汇、设备购买渠道，而且是伍沾德等人的宝贵经验。"此前，我方也考察了国外许多家公司，最后选中了香港伍家。"徐柏龄说，如果给民航相同的资金去国外买设备，也买不到这么好的，"因为不懂"。

1983年1月，北京航食开业1年8个月，作为甲方的民航北京管理局就已经全部收回300万元的投资额。1984年5月，开业4年，就有13家通航北京的国外航空公司选择北京航食提供配餐服务。1990年，十一届亚运会在北京召开，北京航食全年日供餐量超过2万份。2008年，北京举办奥运会，北京航食全年日供餐量超过8万份。

在餐饮业功成名就的香港乃至世界级的泰斗式人物伍沾德校友每当回忆起求学往事，总会流露出孩童般的笑容。"我从小学、中学到大学，都在岭南读书，岭南就像个大家庭，大家互相尊重友爱，感情就像一家人。"由于是同乡，岁数相仿，加上岭南校友的关系，周宝芬和伍沾德两人特别谈得来。周宝芬现在在香港，每周四固定和伍沾德聚餐一次。

伍沾德常常和周宝芬讲起他创办北京航食，协助祖国发展世界先进航空餐饮业的往事，细说他大女儿伍淑清如何能干。是女儿最早发现这一商机，并说服家人进军北京；是女儿在创办时打先锋，专门去美国采购引进相关生产设备；也是这个女儿在企业开张后主要负责日常经营，使北京航食越办越好，后来还从获利中通过追加投入，建立关联性合资企业，使美心集团在内地越做越大、越做越强，给人一种"长江后浪推前浪""巾帼不让须眉"的感觉。

在讲到与民航北京管理局出资建立北京航食的细节时，伍沾德说，由于北京航食是我国改革开放后依法签订的第一份合资企业合同，算是新生事物，所以内地从管理层到普通员工对合资企业的组建、运作都没有什么概念。伍沾德说："我向管理局负责人建议，成立合资公司，管理局占股51%，美心占49%。其时，管理局有关人员还问：'为什么你要我们占股51%？'我解释说，所成立的合资公司不用国家出钱，而且由管理局代国家持股51%、做大股东，大股东可以决定合资公司的一切事务。"

伍沾德还说："当时答应承接这个项目，根本就没想过要挣钱，更没有经过评估，完全是抱着一颗为国服务的热心。"在伍沾德心里，国家有困难找到自己，自己就应该去承担，去冒这个险，丝毫没有考虑过个人得失。这就是岭南大学学子的家国情怀，不错过为国效力的任何机会，哪怕牺牲个人利益也在所不惜。

谈起美心集团的成功经验，伍沾德简洁地归纳为四个字：

"岭南精神。"他说："岭南有很好的教育传统，它不仅教你怎么读书，还教你怎么做人、怎么友爱。岭南精神是什么呢？我以为就是诚信、坚毅、团结、友爱。"周宝芬非常赞成伍沾德的意见，他们这些几乎都是毕业于解放前的岭南大学的老校友，一直以来始终秉持"爱国、爱校、热情、忠诚、坚毅，容纳不同的思想和文化，而且乐于服务人群"的岭南校风，做人做事，为人处世，所以大家每每谈起岭南，总有情同手足之感慨。

岭南大学毕业生都称自己为岭南人，大家有种一家人的纽带情结和互助精神。"不论在东南亚、美洲，或是香港、澳门地区，只要你一提起岭南大学，当地的校友便像对待亲人一样欢迎你，如果彼此是同一级的，更是亲热非凡，让你处处感受到'岭南一家亲'的深情厚谊。"岭南大学每级同学都有一个社名，按毕业的年份定，这是岭南一个很重要的文化传统。在学期间，同学们按社开展活动。毕业后，

团结海内外有识之士

发展祖国教育事业

为岭南大学学院题

黄华

一九八九年八月

1989 年黄华先生为岭南学院成立题词

189

回校活动也以社进行。周宝芬比较特殊，按 1941 年入学计，应该是 1945 年的学社；但周实际又是 1949 年毕业，1950 年离开的，也可以入 1949 年、1950 年那个学社。

如今，岭南大学校友遍布全世界，许多国家都成立了岭南同学会。目前，全世界有 19 个岭南同学会，分布在英国，加拿大温哥华，美国纽约、旧金山等地。任何校友遇到困难，都可以去岭南同学会寻求帮助。过往每次聚会，无论是哪个社的校友，大家都为广州岭大不复存在而扼腕叹息、深感不舍，都有一个共同的心愿和目标，就是在广州复办岭南大学，而这种求之不得的境况，又让大家倍加珍惜校友情谊。"很多岭南的同学，包括香港、澳门和海外的同学，只要坐在一起，肯定最大的话题就是希望能够在国内复办岭南大学，将岭南大学良好的教育和校风传承下去。"

伍沾德是岭南大学在广州康乐园复办的领军人物。他不仅自己想法强烈，十分理解同学们迫切希望复办的心情，而且还是积极提议，多方做复办工作的行动派。他总是说："我人生中有意义的三件事都与'岭南'有关：与我同甘共苦 68 载的妻子李玉珍是岭南大学的同班同学；与数名岭南同学好友创办美心集团；又与数名岭南同学好友推动在中山大学校园开办岭南（大学）学院。"参与民航总局创办北京航食，让伍沾德有机会接触到不少国家部委的高层，积累了丰富的高层人脉关系。其中黄华是关键人物，正是这位时任党和国家领导人的出手相助，为促成岭南大学在广州复办发挥了至关重要的作用。

黄华，1913 年 1 月出生于河北磁县，1932 年秋考入燕京大学经济系。燕大与岭大都是基督教教会大学，在全国齐名。在校期间，黄华参加进步学生组织——抗日救国会，并当选为燕京大学学生会执行委员会主席，还发起成立了东北问题研究会。1935年，在中共北平临时工委领导下，黄华参与组织指挥了影响全国的"一二·九"运动。此后，黄华响应党组织的号召，组织平津学生南下扩大宣传团，深入工农群众，宣传中国共产党的抗日主张。1936年1月，黄华加入中国共产党，随后出任中共北平市学生联合会党团书记、学生联合会主席。同年6月，经中共北平市委同意，他担任美国进步记者埃德加·斯诺的翻译，陪同其秘密赴陕北苏区采访。

抗日战争时期，黄华担任过八路军后方司令部秘书兼英文翻译，中共中央青年委员会委员，全国学生联合会党团书记，朱德总司令政治秘书，中共中央军委外事组成员、翻译科科长、联络科科长。抗日战争胜利后，黄华任北平军调处执行部中共代表叶剑英秘书、代表团新闻处处长、天津军管会外侨事务处处长、南京市军管会外事处处长、上海军管会外侨事务处处长。

新中国成立后，黄华担任过朝鲜停战政治谈判中方代表、外交部西欧非洲司司长、周恩来总理出席日内瓦会议和亚非（万隆）会议的中国代表团顾问和发言人、华沙中美大使级会谈中方顾问。1971年7月，在周总理直接领导下，参加接待秘密来访的美国总统国家安全事务助理基辛格。同年10月，第26届联合国大会通过恢复中华人民共和国在联合国一切合法权利的提案后，黄华陪同邓小平于同年11月到美国纽约出席联合国大会，并担任首任常驻联合国及安全理事会代表。黄华任常驻联合国代表期间，推动联合国以压倒性多数票通过中国代表团将香港和澳门从殖民地名单中删除的要求，为日后香港、澳门回归祖国清除了障碍。

1979 年邓小平访美的"破冰之旅",黄华是以外交部部长身份陪同的。他全程见证了访问的每一个环节,尤其是中美双方签订复航协议这件大事,深知中美建交、小平同志访美、中美复航对助推我国改革开放的重大意义。由于中美复航形成了对我国民航体制改革以及加快发展与世界同步的航空餐业的倒逼关系,作为当时我国外交战略重大调整方针政策的负责人和执行者的黄华部长,十分明白邓小平此时对我国民航及航空餐饮业改革特别重视的良苦用心,就是要以小见大、以点带面,推动进一步扩大开放和开启改革进程。毕竟航空业是对外开放的一个窗口,是外交工作的一个重要组成部分。

据此,黄华部长很关心民航总局适应改革开放新形势,寻找合资伙伴,发展对标国际水平的航空配餐业这件事,经常过问并力所能及地支持这件事,特别是在协调民航总局、新华社香港分社、外资管理局、海关等有关部门的关系上发挥了应有的作用。其间黄华多次就合资事宜与伍沾德接触,这样一来二去,两人成了朋友。

伍沾德在与黄华的交往中得知,这位外交家早年在燕京大学就读,在学期间就积极参加革命和反对日本侵略者的斗争,是一名学生领袖。而黄华的夫人何理良的父亲何思敬是一位 1932 年入党的著名哲学家、法学家、马克思主义著作翻译家,曾任中山大学教授长达 10 年之久。何理良本人出生于 1926 年,在广州长大,11 岁随父亲到延安,1940 年参加革命,1945 年毕业于延安俄文学校,1958 年毕业于莫斯科国立国际关系学院历史系,此后一直从事外交工作,是五至八届的全国政协委员。由于何思敬曾在中大任教授，而何理良又是从小就在广州长大的，所以父女俩都对岭大的印象比较深刻。

何理良和周宝芬都是全国政协委员。当时全国政协来自港澳的委员比较少，周宝芬一直以全国工商界的代表身份当委员，但始终在港澳界活动。记得1983年第六届全国政协才开始设立"港澳同胞界"，第八届全国政协将港澳界分设为"香港同胞界""澳门同胞界"。由于港澳委员比较少，所以全会期间，来自港澳界的委员常常会与何理良（最早她是全国妇联界代表）所在的政协对外友好界委员小组一起活动，加上年龄相仿，都在广州长大等缘故，两人自然就熟络起来。

开会期间，两人经常一起吃饭聊天，谈香港、广州的变化，聊如何开展对外友好工作和做好"三资"引进工作，但总是避不开一个话题，即推动岭南大学在广州复办。这是伍沾德交给周宝芬的任务。伍沾德不是全国政协委员，推动岭南大学在广州复办的事宜，伍沾德与黄华是单线联系，周宝芬是通过全国政协会议联络上何理良，掌握推动复办的情况、遇到的问题及需要采取的措施，请求她多做些力所能及的支持工作。伍沾德发出推动岭大在广州复办的动员令时，周宝芬已经常住香港。伍沾德知道周宝芬是全国政协委员，又是广州市政协副主席，对国内情况比较熟悉，人面比较广，就上门找到周，希望周为岭大复办做点事，尤其是广州方面的事务与难题，能够配合解决一下。周宝芬一口就应承了。与此同时，周宝芬还参与了岭南大学广州校友会的筹建工作，1980年，广州岭南大学校友会正式成立。

在黄华的多方游说和努力下，1988年值岭南大学百年盛典之际，国家教委宣布批准成立中山大学岭南（大学）学院。该学院由 1987 年经国家教委批准成立的中山大学商学院扩充而成，是为原广州岭南大学的新载体。是日，为纪念钟荣光先生对岭南大学建设发展做出的不可磨灭的历史性贡献，全球近 2000 名红灰儿女会聚一堂，为弃置在仓库许久的钟荣光先生铜像举办隆重的重新安放剪彩仪式。第二年，即 1989 年，中山大学岭南（大学）学院正式招生开学。教会性质的广州岭南大学老树发新芽，在原校区康乐园（即今日中山大学校区）复办，以中山大学岭南（大学）学院的新装，将已经解散了的大学复办成现有大学的一个学院，是中国教育史上从未有过先例的创举。充分表明国家一方面高度肯定岭南大学的历史贡献和精神文化及岭南学子爱国爱家服务社会的情怀，另一方面又坚决否定了岭大过往的基督教会性质，表明只有维护教育主权的完整，才能确保教书育人的学校在对外开放中立于不败之地。因此，岭南大学在广州复办不是过去意义上的复办，而是"旧瓶装新酒"的重生。

从现在来看，这也是教育体制机制改革开放的需要。旧中国基督教会办的学校，在教育体制、机构、计划、课程、方法乃至规章制度诸多方面，基本上是仿照美国哈佛、耶鲁或英国牛津、剑桥等大学的体制，直接引进西方近代教育模式，在我国近代教育界和社会上产生极为深刻的影响，在中国教育近代化过程中起着某种程度的示范与导向作用。其毕业生主要活跃在中国的教育界、政界、外交界、法学界、宗教界、文学界、科技界、医务界、农林界、商界等，为中国近现代培养了一大批与世界接轨的人才。

新中国成立后，由于以美国为首西方国家的封锁，使中国不得已实行"一边倒"的对外政策，教育体制基本全盘照搬苏联模式。中苏反目后，尤其是"文革"后，中国开始探索自身社会主义的教育模式，无论是工农兵上大学还是恢复高考，都是探索实践的生动表现。改革开放政策的实施，中美关系的解冻，拓宽了创建中国特色社会主义教育体制的探索借鉴的渠道，国家除安排一批优秀人才赴美欧名牌大学留学外，不少大、中学生也通过自费等方式到国外大学学习。

可见，国家教委批准成立中山大学岭南（大学）学院，就是把它作为探索构建中国特色社会主义高校体制的"试验田"，作为我国社会主义高等教育对外开放的一个"窗口"，发挥其改革开放的示范效应。否则，就无法解释中山大学岭南（大学）学院，从名义上是中山大学所属的学院，但其运作却是完全独立于中山大学的体系的。学院有自己的校董会，有自己的资金来源。院长由校董会决定，决定后上报中大管理层签名同意即可。只有学院党委书记直接归属中大党委领导，相当于挂在中山大学名下一个自治的学院。

中山大学岭南（大学）学院自 1988 年成立至今，在学院董事会的带动下，岭南校友和各界人士先后为学校、学院建设和发展捐资超过 2.5 亿元港币。除修建了岭南堂外，还修建了林护堂、黄铭衍堂教学楼、黄传经（黄炳礼先人）堂讲学厅、伍舜德图书馆、叶葆定堂岭南 MBA 教学楼、伍沾德堂岭南行政中心、岭南教授住宅大楼、荣光堂贵宾楼、岭南 MBA 中心大楼等 10 多栋建筑，对改善教学、科研、服务和生活条件，促进学科发展起了巨大的推动作用。

其中最让人感动的当属一家倾心助岭南，有岭南"姑爷"之称的岭南大学原教授叶葆定先生。他 1934 年毕业于美国麻省理工学院，回国历任工程师、总工程师。因与岭南大学1928年惺社李蕙荃女士之姻缘成为"岭南姑爷"，中年时则因爱留守成了岭南大学教授。1983年移居加拿大温哥华。

正是这段岭南情，促使叶葆定伉俪1991年为岭南学院捐出第一笔款项——岭南（大学）学院董事会永久教育奖励金。获得董事会奖励金的学生给叶葆定伉俪亲手书写的信件，让他们十分感动，知道学生们十分懂得感恩，而且正在传承光大岭南精神。自此，他俩认定中山大学岭南（大学）学院与过去的岭大一样是所好学校，学生也是好学生，这个学校乃至整个国家是有希望的。只有全心全力支持这所学校的发展，国家、学校、学生个人才能实现梦想。

90年代，适逢MBA（工商管理硕士）风靡世界，岭南学院董事会欲与国外一流大学合作开办MBA课程。1997年，得知此事后，叶葆定主动约见时任岭南（大学）学院董事会伍沾德主席，问他想不想岭南学院与美国麻省理工学院（MIT）合作开展MBA。伍沾德表示当然欢迎，就是怕办不成。叶葆定当即表示："只要董事会有这个想法，我就去试试！"随后，叶先生亲自去跟美国麻省理工学院联系并商谈。"MIT同意合作，却提出一个前提：实施MBA项目可以，但需要事先支付MIT合作经费500万元美金。"

当时适逢亚洲金融风暴，香港很多岭南校友自身的经济都处于困境中，而叶葆定却毫不犹豫率先捐资250万美元支持这个项目，不足款项由岭南学院董事会伍沾德、陆建元、黄炳礼、林植萱、李伯荣5人负责，其时每人各捐了50万美元，解决了合作的资金困境。因为有了钱，中山大学岭南（大学）学院MBA与美国麻省理工学院（MIT）签署了合作培养 IMBA（国际工商管理硕士）的协议，并于 1998 年正式落实。

世界一流大学麻省理工学院的大门叩开了，但岭南学院实施 IMBA 项目却没有场地，叶葆定闻言坐立不安，很快又出手捐资 1200 万元港币，提请院方按 IMBA 教育的标准修建岭南 MBA 教学楼叶葆定堂。几年过后又传出"岭南学院发展神速，叶葆定堂已不够用，准备筹建岭南 IMBA 中心大楼"的消息，叶葆定得悉后，毫不犹豫又捐出了 50 万元美金。2008 年，叶老先生临终前又捐赠了 170 万美元。他的女儿叶尚志女士说，这笔钱来自父亲的遗嘱，"他将财产分成三份，全部捐赠教育，其中一份即赠予岭南学院"。截至 2007 年年底，叶老先生一家共为中山大学岭南学院捐资了 5600 多万元港币。

伍沾德对叶葆定及家人的义举了如指掌，对他们的每笔捐助都记得清清楚楚。学院董事会于 1998 年确定，推举叶葆定担任中山大学岭南（大学）学院董事会名誉主席。2008 年 1 月，叶葆定安详辞世，享年 100 岁。叶先生以他及家人的行动书写了"一生为教育，几乎倾尽所有"事迹篇章，他无愧于"岭南姑爷"的称号。

岭南大学的传统是教育家治校，教授治学。为了让复办的中山大学岭南（大学）学院能够传承老岭南的优良传统，继往开来，早日超越昔日岭南大学的风采，学院董事会把选好首任院长、配好授课教授当作一件最重大不过的事来抓。校友们群策群力，到处物色适合的人选。经校友广泛推荐，学院董事会最终还是觉得时任广东省政协副主席的王屏山比较合适。

王屏山是杰出的人民教育家。1926 年 8 月出生，福建福州人，1948 年毕业于厦门大学无线电系。1948 年考入岭南大学物理系读研究生，师从著名电子学专家冯秉铨教授，期间他加入了共产党领导的地下学联，在白色恐怖最猖獗时，他曾独自一人留在广州进行地下活动。毕业后，王屏山被组织安排担任岭南大学附中副主任（即副校长），结果一干就是半个多世纪。1958 年，他出任由岭南附中等校组成的华南师院附中校长，在他的主持下，华附 1960 年被评为全国文教战线的红旗单位，一举成为全国闻名的一流学校，被誉为"教育战线的一面红旗"。

王屏山在 20 世纪 50 年代就超前地提出中国的教育战车必须要有公立和私立两个轮子才能大步前进，受到时任广东省委书记陶铸的高度评价。十年浩劫，他成了"牛鬼蛇神"，后被调到广州市教研室担任一个闲职。1978 年，华附全校学生向当时的省长请愿，申请把王屏山调回华附。这样阔别近 10 年后，王屏山终于又回到了华附，担任校长和支部书记。1983 年，王屏山当选为广东省副省长，大力进行中等教育的改革，发展民办教育。1989年，王屏山转任广东省政协副主席，同年 3 月主持创建了全国第一个由各界人士组成的民办教育组织——广东省教育促进会，他亲自出任会长。如果能够把这个既是教育专家，又是省领导，更重要的还是校友的人请来当首任院长，那就一定能够为岭大复办开个好头。

于是，董事会就让广州校友会派与王屏山比较熟的校友登门拜访王屏山，当面把董事会拟请他出山担任中山大学岭南（大学）学院院长的意见和盘托出，王屏山听后，二话没说，一口就应承了。个别好心的下属、学生听说王屏山要出任中山大学属下一个副厅级的学院院长，就劝他说："你是副省级干部，怎么可以降级屈就一个副厅级的院长呢？不知情的人还以为您犯了什么错误。""岭南学院现在是白纸一张，万事开头难，您年纪这么大了，何必去蹚这浑水。"

但王屏山主意已定，母校需要自己，理当义不容辞，只有把岭南（大学）学院建设成为一流学府，才能对得起母校，对得起广大校友。王屏山任院长那几年，经常抽出一定时间回到康乐园处理院务，与同学们交流。在教学方面，他提出了更加重视英语教育和文理科渗透的办学方针，同时十分重视引进优秀的师资力量。

在王屏山、舒元、吴立范、徐信忠、陆军等一任又一任院长的领导下，中山大学岭南（大学）学院有了长足的发展，继 1998 年创办 IMBA 后，2010 年通过了 AMBA 和 EQUIS 国际认证，成为国内第二家获得 AMBA 和 EQUIS 双认证的商学院。

目前，学院设立了理论经济学和应用经济学 2 个博士后流动站，4 个一级学科博士学位授予权，17 个博士专业，4 个一级学科硕士学位授予权，17 个硕士专业，7 个专业硕士学位。拥有金融学、财政学、经济学、国际经济与贸易、保险、物流管理、管理科学 7 个本科专业，以及中美合作 EMBA（CHEMBA），中法合作 MBA、DBA 3 个外国学位项目。师资力量雄厚，有专任教师 97 人，其中教授 36 人，副教授 37 人，讲师 24 人；博士生导师 33 人，硕士生导师 81 人。教师中拥有博士学位的比例为 94%，具有在海外著名大学攻读学位、进修、讲学、合作研究或课程开发经历的教师比例为 88%。

1994 年开始，周宝芬的腿脚开始疼痛，行动很不方便，需要挂拐杖，不过身体和精神都不错，所以学院校董会的活动都能够坚持参加。不久，周宝芬因行动不便，就基本退出学院董事会，保留名誉董事的头衔，但只要学院有需要，周宝芬都会捐些钱。再往后，他连走路都艰难，需要坐轮椅，学院董事会与学院的运作，周宝芬就更加没有机会表达意见了。在周宝芬任副董事长时，董事会遇到学院运作经费短缺，各位董事成员都会根据自身财力与意愿凑足钱进行补贴。

一日岭南人，终身岭南情。这辈子走到现在，经历无数波折，令周宝芬感触最深的还是岭南大学同学的真性情。岭南大学是寄宿制，上学的时候，大家觉得都是同学，平时有什么东西，都是互相借用，不分彼此。无论你家地位如何，在学校都是平等的，大家互相称谓，都叫名字，甚至叫花名，这就是当时受到的岭大教育。

香港希慎置业的利铭泽先生，他的弟弟利荣康和周宝芬也是同班同学，在美国普林斯顿大学担任化学教授。1981年，改革开放的春风吹遍祖国大地，更吹遍了整个广州。当时，利铭泽等人开始在广州修建花园酒店。在建设过程中，利铭泽邀请弟弟利荣康回广州来帮忙。结果，荣康同学一回来就打电话给周宝芬，一开口就说"我是'烂仔康'"。"烂仔康"就是当时同学给他起的花名。"这个烂仔康，可是在美国培养出40多位教授的大教授。"他这样介绍自己外人很难理解，但同学十分理解。他这么一介绍，同学之间就没有距离感了。

林思齐是周宝芬的另一个同学，他当了加拿大不列颠哥伦比亚省省督（相当于中国一个省的省长）后，周宝芬第一时间打电话祝贺他。周宝芬说："喂，祝贺你升官喔！"他哈哈笑，答道："没什么，还是岭南牛一只。"

　　还有岭南大学土木工程系毕业的同学陈德泰，他在香港建了很多房屋，是当时香港著名的房地产商。有一次，他专门从香港来到广州，希望去拜访当时教他的老师桂铭劲教授。周宝芬帮他联系好，并开车送他去。当他一见到桂铭劲教授时，就即刻跪下并大声说："老师在上！"这就是岭南大学培养出来的学生，尊师重道。

　　以1945年毕业计，周宝芬算是岭南大学轰社的。1990年，周宝芬还在越秀企业有限公司任职，其时正值轰社同学毕业45周年，由他主持筹办这场聚会。由于同班同学分散在世界各地，其时国内改革开放已经铺开，普通百姓已经能够自由出境旅游，但大陆同学对香港情况还是比较陌生，于是周宝芬就把这次聚会的地点安排在香港。为了组织同学赴港，他还到市公安局备案，说明组织一些同学去香港参加聚会，公安局很快就同意了。周宝芬把来自内地的校友安排到香港越秀公司的宿舍住。那次聚会规模比较大，有高三个年级和低三个年级的班长、社长，以及若干比较出名的校友都被请来一聚，真是热闹非凡。

　　伍沾德也参加了这次聚会。在香港中环康乐园大厦里面，有一个岭南会所，这次聚会还在里面摆了十桌宴席。"广州很多校友都来到香港参加这次聚会，大家一起参观了抗战期间岭南大学搬到香港的临时办学点阆苑，然后再回到广州校本部（康乐园）参观，之后，还去看了番禺的余荫山房（广东四大名园之一）、深圳的'世界之窗'。这次聚会活动前后进行了10来天。"自此以后，岭南轰社年年都搞聚会。有一次还把聚会搞到温哥华，齐齐祝贺林思齐同学荣任加拿大不列颠哥伦比亚省省督。

第十一章　在人民政协大家庭的日子里

中国特色社会主义道路，是近现代中国原创性的一种社会政治制度，世界任何国家没有先例。周宝芬作为旧社会的工商业者新社会的工商界人士、改革开放的国企实业家，有幸见证了这段艰辛曲折而又灿烂辉煌的历史。

人民政协诞生于 1949 年 9 月，当月 21 日至 30 日，中国人民政治协商会议第一次全体会议在北平隆重举行。会议代行全国人民代表大会的职权，代表全国人民的意志，通过了具有临时宪法性质的《中国人民政治协商会议共同纲领》，制定了《中华人民共和国中央人民政府组织法》，决定新中国的名称为中华人民共和国，宣告中华人民共和国的成立。会议确定国都为北平（1949 年 9 月 27 日改名为北京），《义勇军进行曲》为代国歌，国旗为五星红旗，新中国采用公元纪年。大会选出中华人民共和国中央人民政府委员会，毛泽东为主席，朱德、刘少奇、宋庆龄、李济深、张澜、高岗为副主席，陈毅等 56 人为委员。大会通过的毛主席起草的《中国人民政治协商会议第一届全体会议宣言》指出："中国的历史，从此开辟了一个新的时代。"大会还通过"树立为国牺牲的人民英雄纪念碑"的决定和毛主席起草的纪念碑文。毛主席出席了人民英雄纪念碑奠基典礼，并宣读纪念碑碑文，表示对先烈的缅怀和崇敬之情。

1993 年周宝芬赴京参加全国政协大会

　　会议还通过了《中国人民政治协商会议组织法》，选举毛泽东、刘少奇、周恩来、林伯渠、董必武、陈云等 198 人为中国人民政治协商会议第一届全国委员会委员（后于 1951 年 10 月 28 日政协第一届全国委员会常委会第三十一次会议又增选了 18 名委员，实为 216 名）。1949 年 10 月 9 日召开的政协第一届全国委员会第一次会议，选举毛泽东为主席，周恩来、李济深、沈钧儒、郭沫若、陈叔通为副主席，李维汉为秘书长，常务委员 51 人（含主席、副主席、秘书长）。

　　1949 年 10 月 18 日召开的中国人民政治协商会议第一届全国委员会常务委员会第一次会议，通过了《中国人民政治协商会议全国委员会工作条例》，共 5 条。其中第一条规定全国政协常委会日常工作内容为协商并提出对中华人民共和国中央人民政府的建议案，协助政府动员人民参加人民民主革命及国家建设的工作，协商并提出参加中国人民政协的各单位在全国人民代表大会代表选举中的联合候选名单，协商并决定下届中国人民政协全体会议的参加单位、名额及代表人选并召集之，指导地方民主统一战线的工作，协商并处理其他有关中国人民政协内部合作的事宜。第三条规定中国人民政协全国委员会分设政治法律、财政经济、文化教育、外交、国防、民族事务、华侨事务、宗教事务8个组，在秘书长领导下进行研讨和审议工作，并将研讨和审议的意见以报告或提案的形式，提交常委会审核处理。第四条规定委员要加入一组或数组活动，每组设组长1人，副组长2至3人，由常委会指定。第五条规定全国政协主席要根据工作需要，邀请中央人民政府委员或政府有关部门的负责人员列席全国委员会及其常委会的会议。

至此，中国人民民主统一战线在组织上固定下来，作为政治协商性质的中国人民政治协商会议全国委员会正式诞生，是为中国共产党领导的多党合作和政治协商制度的开端。此后不久，一届全国政协便创立了"双周座谈会"，打造了制度化的协商议政平台，协调统一战线内部关系，促进各党派团体的团结合作。

1954年第一届全国人民代表大会召开后，中国人民政协不再代行全国人大的职权，但作为中国最广泛的爱国统一战线组织继续存在，并在国家政治生活和社会生活以及对外交往中发挥着重要作用。

由此可见，人民政协作为中国特色社会主义道路的重要组成部分，是先于人民政府、人民代表大会产生的具有中国特色的制度安排，是社会主义协商民主的重要渠道和专门协商机构。人民政协是中国人民民主统一战线的组织（在邓小平的亲自主持下，1982 年 12 月召开的全国政协五届五次会议对政协章程进行第二次修改，将人民政协的性质修订为"中国人民爱国统一战线的组织"），是中国共产党领导的多党合作和政治协商的重要机构，是中国政治生活中发扬社会主义民主的一种重要形式，是国家治理体系的重要组成部分。正如毛主席在会上所说，会议虽暂时还是建议性质的会议，但是在实际上，我们在这种会议上所做的决定，中央人民政府是当然会采纳并见之实行的，是应当采纳并见之实行的。周总理说政协第一届全国委员会"便是同中央人民政府协议事情的机构"。

在特殊时期，人民政协一度被迫停止活动。1977 年 8 月 12 日至 18 日，中国共产党在北京举行了第十一次全国代表大会。会上，华国锋代表中共中央做了政治报告，并宣布中央决定，在适当的时候召开第五届全国人民代表大会，并同时召开中国人民政治协商会议第五届全国委员会。

中共十一大的召开，把召开全国政协五届一次全体会议摆上了议事日程。中央和各地统战部门、组织部门开始紧锣密鼓地物色推荐新一届的全国政协委员人选。周宝芬当时已经恢复工作，担任广州市轻工局副局长、广州市工商联副主委，专门负责接待参加广交会的港澳和华侨华人来宾。其时，他正全力以赴协助市委书记罗范群等，开展"文革"后广州首个接受境外资金与技术支持的项目尽快落地的工作。那时，省、市政协都没有恢复。

就在国务院侨办批准广州正式接受邓焜、刘浩清、许志俭捐赠的兴办机械化养鸡场项目，这一项目终于顺利在郊区黄陂（今黄埔区）动工兴建时，1978 年年初，周宝芬收到中央统战部发来的信函，打开一看，原来是一份他当选为政协第五届全国委员会委员的通知书，这是周宝芬做梦都想不到的事。虽说列席与出席是一字之差，可这一字却是千金之差，不是熬时间就能熬来的，有的人也和他一样熬了22年，但还是没有转为全国政协委员。周宝芬现在成了全国政协委员，想想自己这些年为国家为社会所做的贡献，他总觉得自己离全国政协委员的标准还有相当的距离，怎么自己就成了委员呢？周宝芬反复地想，认真地思考这个问题。

当周宝芬看到这一届代表全国工商联出任委员的50人名单时，他找到了答案，明白这是党没有忘记自己当年在广州带头参加公私合营的爱国义举，是中央统战部对自己的厚爱和信任。此后，周宝芬被选派参加中信筹建工作，国家返还了他当年捐出的十几套房子，表明共产党是念旧情、爱人民的党。与他一起成为当届全国政协委员的广东工商界代表还有原大成行总经理、当过广州市工商联副主委的陈祖沛，时任广州市工商联副主委梁尚立、著名侨商、第四届广州市政协副主席曹冠英。

1978年2月初，第五届全国政协委员见报后，周宝芬真的有点诚惶诚恐。想不到自己这个广州名不见经传的工商界人士能与全国各界这么多顶级人士同台议政，除了出自广东广州或后来调到广东广州工作的党和国家领导人，还有中国共产党杰出的地下工作者、著名的医学教育家、长期担任中山医学院院长的柯麟，有参加过省港大罢工、新中国成立后担任过首任广州市副市长的梁广；还有广东省知名民主人士方少逸（任过省市民革主委、省人大常委会副主任）、曾天节（国民党起义将领，曾任省政协副主席）；有著名教育家林克明（中国近代建筑的先驱、高级建筑师，华南工学院教授，华工建筑设计研究院院长，广州市设计院顾问）、陈一百（广州师院教授、院长）；有原岭南大学的教授商承祚、李沛文、高兆兰（女）；有港澳知名人士曾昭科（前皇家香港警务处华籍总警司，曾任暨南大学外语系教授、广东外语外贸大学董事会名誉主席，省人大常委会副主任）和何贤。还有岭南画派大师级人物黎雄才和孙乐宜（1926 年加入中国共产党，曾任广州市副市长）、孙伽俐（1938 年加入中国共产党，时任广州市委统战部部长）、宋维静（女，1927 年加入中国共产党，时任广州市委党校副校长）、赖大超（1932 年加入中国共产党，曾任青年团华南工委第一书记、广州市人大常委会副主任）等广州市的老革命。梁毅文（女）医生 22 年前曾与他一起列席全国政协二届二次会议，22 年后成为全国政协委员。周宝芬从 33 岁的年轻人变成了一个年过半百（55 岁）的中年人。

作为一名全国政协委员"新生"，那年元宵节一结束（2 月21 日），周宝芬胸怀爱国报国的热情以及继续学习实践的心情，随广东省政协团于 1978 年 2 月 22 日来到了北京驻地。当时居住的环境没有现在条件这么好，但还是比较安静，从驻地到会场的交通十分便捷，不像现在有警车开路还都比较拥堵。2 月 24 日下午 2 时，周宝芬和委员一起来到了人民大会堂，参加预备会议。预备会上通过了政协第五届全国委员会第一次会议的议程：一、听取审议《中国人民政治协商会议第四届全国委员会常务委员会工作报告》；二、修改《中国人民政治协商会议章程》；三、选举中国人民政治协商会议第五届全国委员会主席、副主席、秘书长、常务委员；四、列席第五届全国人民代表大会第一次会议。预备会议选出了由 225 名委员组成的大会主席团和秘书长。随后，大会主席团举行了第一次会议，推选邓小平、乌兰夫、韦国清、彭冲、赵紫阳、郭沫若、宋任穷、欧阳钦、康克清、王首道、杨静仁、张冲、沈雁冰、许德珩、帕巴拉·格列朗杰、史良、周建人、庄希泉、朱蕴山、荣毅仁、季方、胡厥文、童第周为主席团常务主席，齐燕铭为大会秘书长。

接着，中国人民政治协商会议第五届全国委员会第一次会议举行隆重的开幕会。由于这是他平生第一次在人民大会堂开会，心潮澎湃，忐忑不安，尽量有样学样，模仿老委员参会的言行举止。此时，只见宋庆龄、韦国清、乌兰夫、方毅、许世友、纪登奎、苏振华、李德生、吴德、余秋里、张廷发、陈永贵、陈锡联、耿飚、聂荣臻、倪志福、徐向前、彭冲、陈慕华、赵紫阳、赛福鼎、陈云、谭震林、李井泉、邓颖超、阿沛·阿旺晋美、周建人、胡厥文、王震、谷牧等党和国家领导人纷纷落座，紧接着华国锋、叶剑英、邓小平、李先念、汪东兴走上主席台，全场起立，响起长时间的热烈掌声。

人民大会堂会场里充满着团结与胜利的气氛。1978年2月24日下午4时，大会执行主席邓小平宣布会议开幕，军乐团高奏国歌。接着，全体委员为悼念中国人民的伟大领袖、中国人民政治协商会议名誉主席毛泽东，为悼念毛主席的亲密战友、政协全国委员会主席、敬爱的周恩来总理，为悼念毛主席的亲密战友、敬爱的朱德委员长，静默致哀。

政协第四届全国委员会副主席许德珩在会上做了《中国人民政治协商会议第四届全国委员会常务委员会工作报告》。许德珩强调，我们要遵照中国共产党十一大的路线，充分发挥政协在民主协商国家大事中的积极作用，充分发挥政协在发展革命统一战线中的重要作用，团结一切可以团结的力量，调动一切积极因素，并且尽量地把消极因素化为积极因素，为巩固我国的无产阶级专政，为解放祖国的神圣领土台湾，实现统一祖国大业，为发展反对苏美两霸的国际统一战线，为在本世纪内把我国建设成为伟大的社会主义现代化强国，对人类做出较大的贡献而奋勇前进。

这是过去十三年来第一次召开的政协全国委员会会议。第五届全国政协委员人数比第四届增加三分之二，共有委员1988人。他们当中有中国共产党的代表，有跟随毛主席南征北战几十年的老干部，有长期同中国共产党合作、对中国人民革命事业做出贡献的各爱国民主党派和各界爱国人士的代表，有在社会主义建设中做出贡献的科学技术、教育、文化、卫生、体育等各界人士，有全国各民族的代表，有工人、农民、妇女、青年的代表，有台湾省籍同胞的代表和港澳同胞、归国侨胞的代表和其他有代表性的人士。人数之多和代表性之广泛都是空前的。充分体现了粉碎"四人帮"以后，在中国共产党领导下全国各族人民和各种爱国力量的大团结，充分体现了在中共中央的领导下，我国革命统一战线更加巩固、更加发展，我们的社会主义事业更加兴旺发达。

这次全国政协全体会议历时13天。会上，还听取了全国政协副主席韦国清做的《关于修改中国人民政治协商会议章程的说明》。全体委员还列席了第五届全国人大一次会议，听取并讨论了华国锋总理做的政府工作报告和叶剑英副主席关于修改宪法的报告，讨论了宪法修改草案和国民经济发展十年规划纲要草案。会议总结了政协第四届全国委员会的工作，认真地讨论了新的政协章程。会议开得生动活泼，委员们心情舒畅，各抒己见，一致表示热烈拥护政府工作报告、新宪法和关于修改宪法的报告，完全同意新的政协章程。大家在讨论中积极地提出了意见和建议。

会议通过了《中国人民政治协商会议章程》和中国人民政治协商会议第五届全国委员会第一次会议决议，选举邓小平为政协第五届全国委员会主席，选举乌兰夫、韦国清、彭冲、赵紫阳、郭沫若、宋任穷、沈雁冰、许德珩、欧阳钦、史良（女）、朱蕴山、季方、康克清（女）、王首道、杨静仁、张冲、帕巴拉·格列朗杰、周建人、庄希泉、胡子昂、荣毅仁、童第周等 22 人为政协第五届全国委员会副主席。首次参加全国政协全体会议，也是全国政协恢复后首次全会，周宝芬有几点体会：

一是委员们对中国共产党领导坚定不移的信念。"文革"极左路线的干扰，伤害了不少爱国民主人士及知识分子，但人们并没有因此怀疑党的领导，相反更加相信党的领导。他们认为，粉碎"四人帮"反党集团，让中国共产党回归到更加正确的路线上来，让中国人民看到了奔向全面实现农业、工业、国防和科学技术现代化的希望。

二是委员们对从"站起来"到"富起来"的期盼。人们普遍感到，在当今世界上，经济技术落后是要挨打的。鸦片战争以来，中国挨打挨了整整 100 年。丧权辱国的不平等条约，像一个个枷锁套在可爱的祖国身上。为什么国家蒙受如此的屈辱，遭到如此的蹂躏？社会制度腐朽是一个原因，经济技术落后也是一个原因。从洪秀全到孙中山，先进的中国人为了抗御列强的侵略，建设富强的中国，前赴后继，进行了百折不挠的斗争。直到中国共产党成立，毛泽东把马列主义普遍真理同中国革命的具体实践相结合，才彻底推翻了压在人民头上的三座大山，创建了中华人民共和国，中国人民才站起来了。新中国成立 28 年来，在曲折的历史进程中探索建设中国特色社会主义，初步改变了经济技术的落后状况。但步子还不够大、不够快，必须以只争朝夕的精神，使我国国民经济走在世界前列，让中国尽快富强起来。

三是委员们对新一届中央领导集体充满信心。中共十一大、全国五届人大和全国五届政协的胜利圆满召开，邓小平等一大批老干部重新进入中共中央、全国人大、全国政协领导班子，"四人帮"流毒的进一步肃清，提振了人们开展"四化"建设新长征的信心与决心，一个强大的社会主义现代化的中国就要在大家手中建设起来，一个伟大的理想就要实现，让委员们激动振奋，更让周宝芬这个上了年纪的委员热血沸腾，恨不得一年做几年的事，即刻返回香港、广州，多做一些有益于国家和广州发展的实事好事。正是这种精神的支撑，他不仅当年就协助广州市有关部门及许志俭博士，将广州第一个机械化养鸡场建成投产，而且还成功地为广州引进了英国约克夏良种猪，完成了香港商人对广州医疗教育事业首笔捐助款项的接收，同时还协助荣毅仁成功创办了中国国际信托投资有限公司。

全国政协五届一次会议至二次会议期间，增选了 110 名委员。1979 年，周宝芬随荣毅仁出访欧洲回到北京，在北京积极参与中国国际信托筹建工作期间，6 月 15 日至 7 月 2 日，全国政协五届二次会议在北京召开，共有委员 2015 人。这次会议是在中共十一届三中全会召开后召开的，是在全国工作着重点转移到社会主义现代化建设上来的历史时期召开的，是改革开放后全国政协首次召开的全会，也是政协成立 30 年来人数最多、范围最广的一次大会。新增补的委员中，有许多是才得到平反昭雪的革命老干部、民主党派成员、知识分子和爱国人士。比如罗章龙、陆定一、刘澜涛、杨献珍、贺敏学、李运昌、阳翰笙、贺子珍（女）、王光美（女）等；比如唐生明、何柱国、叶笃义、王光英、缪云台等；比如张友渔、丁玲（女）、刘海粟、千家驹、张申府等；比如在广东工作的杨尚昆（广州市委第一书记）、莫雄（辛亥革命时期有名的粤军将领，为红军长征提供了绝密情报，曾任广东省政府参事室副主任、省政协副主席）、王越（暨南大学教授、副校长，后任省政协副主席），以及时任新华社香港分社社长王匡等。而在二次会议上增补的委员中过去与日后比较有名的委员还有刘宁一、李苦禅（著名画家）、肖克、吴祖光（著名戏剧家）、陈复礼（著名摄影家）、聂绀弩（著名诗人）、夏梦（女，著名演员）、郭翘然、黄苗子（著名画家）、程子华、廖沫沙、黎玉、霍英东等。

全国政协主席邓小平致会议开幕词。邓小平在开幕词中强调，人民政协在新的历史时期的任务是要调动一切积极因素，团结一切可以团结的力量，努力化消极因素为积极因素，同心同德，群策群力，维护和发展安定团结的政治局面，充分发扬社会主义民主，加强社会主义法制，巩固无产阶级专政，为把我国建成现代化的社会主义强国而奋斗。

会议听取了全国政协副主席许德珩做的全国政协第五届常务委员会工作报告。全体委员列席了第五届全国人大二次会议，听取了华国锋总理的政府工作报告以及其他报告和法律草案。会议通过的政治决议指出，邓小平主席的开幕词是我国实现"四个现代化"的新时期统一战线和人民政协的行动纲领。会议还通过了关于政协常务委员会工作报告的决议、提案审查委员会关于提案的审查报告和决议。会议增选刘澜涛、陆定一、李维汉、胡愈之、王昆仑、班禅额尔德尼·确吉坚赞为政协全国委员会副主席；刘澜涛为秘书长（兼）；朱蕴山、史良因被第五届人大第二次会议增选为人大常委会副委员长，不再兼任政协副主席。副主席乌兰夫致闭幕词。

这次会议让周宝芬最震撼的是邓小平的开幕词，对"在这30年中，我国的社会阶级状况发生了根本的变化"的阐述。他指出，我国广大的知识分子，包括从旧社会过来的老知识分子的绝大多数，已经成为工人阶级的一部分，正在努力自觉地为社会主义事业服务。我国的资本家阶级原来占有的生产资料早已转到国家手中，定息也已停止十三年之久。他们中有劳动能力的绝大多数人已经改造成为社会主义社会中的自食其力的劳动者。我国的统一战线已经成为工人阶级领导的、工农联盟为基础的社会主义劳动者和拥护社会主义的爱国者的广泛联盟。因为周宝芬既是资本家也是知识分子，小平主席对知识分子与资本家所做的结论，关系千百万知识分子与资本家的前途与命运，工人阶级的一部分、社会主义劳动者的结论，让他放下了几十年的思想包袱，自豪感、光荣感油然而生，自己最终还是成为社会主义国家人民的一员。

在开幕词中，邓小平还指出，人民政协是发扬人民民主、联系各方面人民群众的一个重要组织。中国的社会主义现代化建设事业，继续需要政协就有关国家的大政方针、政治生活和四个现代化建设中的各项社会经济问题，进行协商、讨论，实行互相监督，发挥对宪法和法律实施的监督作用。统一战线和人民政协要发扬自我教育、自我改造的传统，按照团结—批评—团结的公式，继续进行思想改造的工作，帮助各方面的人士和群众在为社会主义服务的共同基础上不断增强团结，取得新的进步。人民政协应当积极开展工作，促进台湾早日回归祖国，实现祖国统一大业的爱国统一战线。同时，要积极开展人民外交活动，加强同国际朋友的友好往来，为发展国际反霸统一战线做出自己的努力。小平主席对人民政协的这一系列论述，让他更加明确了新时期人民政协的任务和职能，明白作为一个全国政协委员，自己今后在全国政协这个政治舞台上应该扮演什么角色、承担什么义务和履行什么职能。

会议期间，1979 年 7 月 1 日，全国人大五届二次会议通过《中华人民共和国中外合资经营企业法》。这个法律的通过并颁布，也让他内心为之一动。因为这一方面意味着我们国家开始走上了依法治国的现代国家治理之路，另一方面也表明我们国家真正走上了开放发展之路，他从事的开放发展工作终于有法可依，大有可为，大有作为。

1983 年 6 月，六届全国政协增设"港澳同胞界"，同年 7 月组成的政协六届广州市委员会，参照全国政协的做法也增设了"港澳同胞界"，安排了 10 名港澳人士担任委员。1988 年 6 月成立的政协七届广州市委员会，港澳委员增加到 25 人。1993 年 6 月成立的八届广州市政协，参照全国政协的做法，将港澳同胞界拆分为"香港同胞""澳门同胞"两个界别，委员分别是 40 名、21 名，共 61 名。八届广州市政协期间，港澳委员仅在内地投资就达 250 亿元，向国家上缴税利 6 亿多元。

广州市政协有了港澳委员后，周宝芬便利用自己的身份和经常来往于省港两地的有利条件，有意无意地约香港委员见面，喝咖啡、喝茶、吃饭，谈生意、叙家常、聊履职。开始是周宝芬主动，后来发展到香港委员们主动。最早一起聚的几乎都是市政协香港委员，如孔庆隆、李毓宏、杨永强、张铁然、赵少萍、彭磷基、黄俊康、薛荣烈、何世梁、唐一柱、毛云龙、简焕章、刘如成、关超然、陈幼南等，后来增加了戴德丰、石汉基、杨永德、李贵辉、李秀恒、曾智明、袁弓夷、黄俊康等。之后，广州市属的区、县级市政协的香港委员也加入进来，他们有些是市政协香港委员引介过来的，有些是自己找上门的，就这样以前一张双人台、四人台的聚会，变为一围台、两围台的聚会，变为五围、八围台的聚会，变为十围甚至二十围台的聚会。大家聚会比较人性化，欢迎带爱人和亲戚朋友参加，实行 AA 制，谁吃饭谁掏钱，人来得越多越好，朋友越多越好。广州市各级政协香港委员在此过程中，渐渐养成了聚会的习惯，不知不觉就是 10 年。

以聚会的方式，在香港把政协香港委员联系起来、团结起来，携手推进省港两地经济社会的发展，是地方政协在香港开展工作的一种创新，离不开委员的参与和支持，尤其是简焕章委员提供了固定场地，功不可没。简焕章是敦煌酒楼集团（香港 20 世纪 80 年代至 90 年代数一数二的中式酒楼集团，全盛时期共开设超过 20 间分店）的第二代掌舵人。其父简翼云，1977 年联同茶叶、冻肉、海味供应商共三四十人，在油麻地弥敦道 469—471 号新光商业大厦开办第一间敦煌酒楼，其以"酒店式服务、平民化收费"招徕顾客，改写了香港人在旧式茶楼赏雀、吃东西的饮茶文化。由于简氏家族人脉广，不少社团选择在此聚餐，加上街坊捧场，油麻地敦煌也成为旗舰店，员工都称之为"祠堂"，以示其地位之特殊。敦煌酒楼的成功，成为当时中式酒楼集团的榜样，亦令不少酒楼东主仿效，新光、联邦、好彩、汉宝等大众化中式酒楼集团应运而生。

简焕章是一个十分爱国的港商，开始时任广州市政协委员，后来出任常委。最初，广州政协香港委员聚会聚餐多数也是选在敦煌酒楼及旗下店，为方便联络广州市香港委员及香港有关人士，方便香港委员开展活动，周宝芬在市政协一次会议期间找到了简焕章先生，把欲借用敦煌酒楼的地方作为广州政协香港委员固定聚餐点、活动点的想法，一五一十向他道来。简先生十分爽快，立马就应承了。自此，香港九龙油麻地弥敦道469号敦煌酒楼或香港北角英皇道436号敦煌酒楼三楼，便从广州政协香港委员的临时据点，变为了广州市政协来港人员的一个落脚点、广州市政协工作的联络点、广州政协香港委员固定的活动场所，当然这个点并没有见诸广州市政协的公文，更没有活动经费，但这个点却实实在在存在到敦煌酒楼关张才告结束。

改革开放之初，最早到广州、内地投资的港商，亦是聚会的常客和主角，他们通过这个平台掌握广州及内地有关城市的发展情况与需求，发现有合适的商机便第一时间出手投资，中国大酒店、花园酒店、菜牛养殖场、百事可乐汽水厂、广深高速、沙角B电厂等一笔又一笔的境外资金，就是从聚会的敦煌酒楼的饭桌上确定下来，又源源不断地注入广州经济建设之中，最终帮助广州成为今日国家中心城市、世界一线城市。

在此期间，周宝芬还肩负了协助广州市政协每年组织港澳委员前往内地考察的任务。1991年8月，他协助组织的广州市政协香港委员考察团到西北地区考察。第一站抵达新疆乌鲁木齐、吐鲁番，参观天池、坎儿井，参加当地的葡萄节，8、9月是新疆最美的季节。第二站是甘肃敦煌、兰州以及嘉峪关。当时新疆还比较落后，很多道路没有修好，就此委员们还与当地的党政部门进行座谈，讨论研究如何进一步推动新疆与香港两地的经济合作。

1992 年 8 月，周宝芬协助组织的广州市政协香港委员考察团到了山东考察。孔庆隆常委参加了这次活动。大家说既然到了孔子故里，您的家乡，您应该请大家吃一顿孔家宴，他很高兴地请了全团人员吃了一顿晚饭。作为孔家后人，孔庆隆通过实地考察孔家的发源地，了解到孔姓的起源、迁徙等历史，对孔家及中国大家有了更深层次的认识，认同感、自豪感油然而生。

当年，广州市政协组织港澳委员赴内地考察，是允许带家属的，因此每次加上工作人员，整个考察团有五六十人，规模比较大。因为肩负着引导成员投资支持考察地发展的任务，所以当地政协对接待考察团的工作非常重视，既安排了参观当地自然风光，也有当地经济文化项目的实地考察，与当地政府经济部门负责人见面座谈是必不可少的议程。大家认真地交流经验、探讨合作，同所到的考察点几乎都达成了合作意向。考察结束回到香港，很多委员还意犹未尽，希望将来卸任政协委员，依然还能参加这样的考察活动。这就是后来成立广州地区政协香港委员联谊会的初衷之一，由于政协香港委员的影响力不仅在任时能体现，卸任后同样能够体现，应该做到"一届政协委员，终生政协情怀"。

直到今日，广州地区香港委员联谊会还组织香港委员自费到内地考察。期间，还先后去了贵州、云南和西安、张家界等地考察。当年周宝芬正是协同组织香港委员赴内地考察，通过发动、组织、安排接待等工作，又结识了不少香港人士，同时又通过他们，让更多的香港各界人士借助这座桥梁观察、了解、认识祖国，热爱并支持祖国的建设。

1994 年，距离香港回归祖国的日子越来越近，为团结更多的香港同胞，有效促进香港的平稳过渡和繁荣富强，周宝芬等在香港的委员认为，经过我们多年的探索实践，成立统一的广州地区政协香港委员联谊会已经水到渠成，无论客观条件还是主观条件都已具备，正式向广州市委、市政协做出提议。中共广州市委、广州市政协同意了周宝芬等委员的提议，在邬梦兆、郭焕之的领导下，市政协主席会议两次开会研究讨论此事；尔后，推动各区、县级市政协召开主席会议研究提出具体的落实意见，邀请各区、县级市政协香港委员召集人商讨征询联谊会理事以上人选的意见。1995 年 4 月，成立了联谊会筹委会并举行了首次工作会议，邬梦兆、郭焕之、梁尚立和周宝芬出席了这次会议。会议听取了各筹委的意见，通过了联谊会组成人员名单，确定了召开成立大会的时间。1995 年 6 月 6 日晚，广州地区政协香港委员联谊会在香港北角英皇道 436 号敦煌酒楼三楼举行成立大会，大会推举梁尚立为创会首届会长，周宝芬和霍震宇等 10 人任副会长。会员 249 人，由广州市政协和市属八区四市政协的香港委员组成。

联谊会章程规定：会长会议每季度举行一次，全体会员会议每半年举行一次，设 13 个小组，小组每月活动一次。活动形式也从过去的单纯聚会发展成联谊大会、联欢晚会，会上还有聚餐、抽奖、表演等。联谊会人才辈出，会员中有 20 多人出任香港特区筹委会委员、港事顾问等职务，为香港回归祖国和平稳发展做出了贡献。联谊会发展至今，已有超过 1000 名会员。

联谊会成立之前，恰逢国内正在筹备香港回归事宜，香港当局对国内组织在香港的活动都非常紧张，周宝芬也很谨慎，担心好心反而添乱。为了确保联谊会的合法性，广州市政协安排联谊会先在广州民政局注册了"广州地区政协香港委员联谊会"，拿到登记证才在香港挂牌，筹备第一次活动。这样联谊会就是合法组织，组织的活动起码是有认可的，政协香港委员参加联谊会就是合法的行为。联谊会的成立大会及第一次聚会也是在市政协香港委员简焕章的合法酒楼举行的。这样做万无一失，真正是把好事做好。

联谊会开始时，人数没有现在这么多。故明确所有会员每周四下午在敦煌酒楼聚餐，沟通联谊。周宝芬是召集人，只要不回广州处理公务，他都参加。联谊会没有强制要求参加活动，因为大家都有事业，平时工作比较忙，喜欢喝酒的话自己带酒去，没空的可以不出席。简焕章委员专门找一个人给联谊会当秘书，负责聚会通知与记录，谁出席酒会，聚餐多少钱，算出具体数目，列出物品清单，费用平分，再将费用单寄给出席者。参加活动的人都是以委员的身份平等参与，不考虑身家多寡。

刚开始出席的会员基本都是广州市、区、县级市政协的香港委员，人数不太多，最多也就两桌人。后来，联谊会把星期四联谊活动办成带讲座性质的聚会，邀请内地一些专家、学者到此介绍党和国家的路线、方针和政策，通报广州乃至全国各地发展的情况，报告内地投资的各种优惠政策，一下子吸引了很多人，不但会员出勤率高了，而且会员领来的亲朋好友也不少。而广州市委、市政协也十分重视这个平台的建设，定期安排人员参加联谊会活动，安排市政协副主席通报政协工作情况，安排市委市政府有关部门负责人通报经济社会发展情况等等。

广州地区政协香港委员联谊会庆回归暨成立两周年联欢晚会

　　"联谊会在香港的活动就是这样，利用聚会、交朋友来开展工作。特别是香港回归前后那段时间，社会疑问比较多，很多香港人对内地的政策不了解，对回归后会怎样疑虑重重，如特区政府将来怎样，持外国护照将来怎样，有诸多的担心。对于诸如此类的问题，联谊会不仅在聚会时进行讲解，平时有人问到也会马上解释，抓住一切机会宣传党的路线方针政策，消除港人的顾虑。

　　比如1999年发生的终审庭的事情，人们议论纷纷，说内地会如何，周宝芬就解释，说只要不干涉到人大的权力，井水不犯河水，解释清楚就没事了。结果就是这样。后来异议者相信了。比如还有不少港人担心回归后，中央会"挪"走特区的钱，周宝芬利用联谊会与私人聚会做解释，说不可能也不会发生。事实表明，中央不仅没有从香港拿走一分钱，而且还倒贴了很多钱去支持香港。1998年亚洲金融危机，如果没有国家作为后盾，香港这一关就很难过了。比如，聚会期间与会者对内地改革开放有过度反应的话，周宝芬听到后都会及时加以正面解释，那时许多会员特别是他们的亲朋好友对内地政策还是充满疑虑的，只有做出正面回应，才会增强他们在内地投资的信心。多联系、多沟通、多解释，就能够减少港商对内地投资的担心，强化其决心和信心，这样对内地和香港都有利。当然，随着改革开放的深入，现在香港桥头堡的作用逐渐弱化，自身定位和角色只有转变才能持续发展。

从联谊会成立至今34年了，现在每届广州市政协中港澳委员人数早已过百，他们都是港澳社会各界的杰出代表。这些港澳杰出人物以各地各级政协组织为平台在我国政治生活中演绎着独特的角色，在促进国内经济建设、文化建设等各个方面发挥着重要作用，在畅通党和政府同港澳地区各界人士的联系沟通、交流合作等方面发挥了凝聚人心、汇聚力量的作用，在实现香港和澳门顺利回归祖国并持续稳定发展、促进祖国和平统一中发挥了重要作用。

每届广州市政协委员中都有很多来自香港、澳门的各界人士，为了更好地联系团结大家，政协每年都让周宝芬组织香港地区政协委员及其家属，到大陆各地学习考察，增加对国内的了解，让香港同胞对祖国的发展更加充满信心。刚开始，内地相对香港是比较落后的，带港澳地区政协委员到国内参观，他们非常感慨地觉得国内发展不均，并努力为各地发展建言献策、招商引资甚至自己参与国家建设。每一年，港澳委员通过自己的亲身经历和考察对比，总是在感慨祖国发展的日新月异和逐渐强大，回去之后，他们会跟他们企业的员工和亲戚朋友传递国家发展的最新信息，让港澳同胞了解知道国内情况。以前港澳委员过来国内，更多的可能是物质投资、智力投资或者说是帮扶，现在港澳委员过来，大家更多的是抱着一种合作共赢的心态，这就是团结港澳同胞，让大家了解祖国发展变化的重要性。

随着广州市政协香港委员的不断增多，联谊会会员也越来越多，加上已经退下来继续担当会员的就更多了，力量更加强大。因为长期在香港生活工作，周宝芬深刻体会到，要做好政协港澳工作，必须紧紧依靠港澳委员，同时善于发挥联谊会这个香港政协组织的载体作用，释放人民政协的独特优势和主题作用的功能，吸引广大港澳同胞投身没有政协委员身份的政协工作当中，开拓人民政协的香港履职的空间和渠道，为我国人民政协事业在香港发展注入新的活力，为"一国两制"下的香港稳定繁荣发展、和平统一中国、早日实现"中国梦"做出独特的贡献并发挥不可或缺的重要作用。广州地区政协香港委员联谊会的探索与实践，为共和国香港人民政协工作提供了示范样板。听说十多年后，广东省也参照广州市政协的做法，在香港成立了一个省政协香港委员联谊会。

江山代有才人出，各领风骚数百年。2000 年，周宝芬接替梁尚立担任第二届联谊会会长。由于敦煌酒楼关张，联谊会后来每年在香港旧会展中心举办联谊活动，一般开 80 多桌酒席，约 900 多人，会员可以携带家属并邀请朋友出席，每位会员都有资格预订酒席，每桌酒席由预定会员自费 7200 元（坐 12 人），平均 600 元一人。会长要自掏腰包筹办联谊会，会员则捐钱买奖品抽奖，而没有担任过政协委员又有意向入会的港人，可以作为联谊会的顾问和理事。周宝芬每年活动都会订一桌酒席，捐 2 万元用于抽奖，和大家一起凑热闹，非常开心。

2003 年广州市政协历届主席、副主席合影

　　2005 年，联谊会成立 10 周年的时候，周宝芬作为时任会长，筹办了隆重的庆典活动。全国政协副主席霍英东等很多领导和朋友为庆典题词。十届广州市政协主席陈开枝参加了庆典仪式，并发表了致联谊会 10 周年庆典暨新春联欢晚会的贺信。庆典上，周宝芬做了致辞，他说，联谊会成立 10 年，会员间团结协作，积极履行政协委员职能，广泛地团结了爱国爱港人士，为香港的平稳过渡和繁荣稳定，做出了一定贡献。联谊会严格按照基

广州地区政协香港委员联谊会十周年

夫复何求 拍于百福广场广州酒家
2013.4.9

2013 年周宝芬和李仪在广州百福广场庆祝 90 大寿

本法办事，积极支持行政长官和政府依法施政，振兴经济，联谊会对会员们投身香港和内地的建设表示肯定。最后，周宝芬代表香港市民，同时也是广州地区政协一分子，表态要促进香港和广州之间优势互补及两地合作，把泛珠三角建设成为世界上最具经济活力的经济中心之一。

2007 年，周宝芬把接力棒传给了早在 1995 年 12 月就被增补为八届广州市政协委员的国际玩具工业协会总裁、香港镇泰有限公司董事长黄铁城的手中。而联谊会则聘周宝芬为永久名誉会长。

香港是新政协运动的发源地之一。创办广州地区政协香港委员联谊会，是广州市政协统一战线工作和履行主要职能工作的重大创新，是贯彻落实中国特色社会主义理论的时代产物，是解放思想在香港开展人民政协工作的有益尝试，为省港两地经济文化社会的交流与合作做出重大的贡献。

附录：

宝芬自画像

咕喱头，岭南牛①，
执掌源昌②领航头；
弃雇工，跟党走，
合营企业独"私"首③。

工商头，东家④牛，
龙洞水库"总把头"⑤；
"文革"起，遭批斗，
过后一笑泯恩仇。

改革头，开放牛，
中信越秀⑥拓荒头；
思乡情，强国梦，
受赠引进显身手。

政协头，统战牛，
港委⑦联谊创建头；

同窗谊，家国梦，

复办岭南⑧主沉浮。

周老头，孺子牛，

九十有六乐悠悠；

屈指算，奔百叟，

穷尽一生是潮首。

注释：

①　出自"真光猪，岭南牛，培正马骝头，培英咕喱头，培道女子温柔柔"。这首 20 世纪流传的广府童谣，概括了当年广州五所基督教学校的特色。咕喱头，广府话作"苦力"解，比喻实干。

②　源昌：周宝芬父亲创办的源昌肥皂厂，当时是华南地区最大的肥皂生产企业。

③　"私"首：指周宝芬在广州开展公私合营运动期间，成为广州地区唯一一个担任合营企业正职的资本家。

④　东家：广府话对"老板"的称呼，这里泛指参加工商联的工商联代表人士。

⑤　总把头：即总指挥。

⑥　中信：中国国际信托投资有限责任公司；越秀：越秀企业集团公司。

⑦　港委：指政协香港委员。

⑧　岭南：指岭南大学，在这里特指 1988 年创办的中山大学岭南学院。

后　记

　　值中华人民共和国和人民政协成立 70 周年之际，受中国政协文史馆委员传记中心委托，我们撰写了《省港工商先驱——周宝芬传》，作为献给共和国与人民政协 70 岁的生日礼物，以唤起广大读者对曾经为创立、巩固、发展新中国而做出杰出贡献的工商界人士，尤其是港澳台华侨爱国商人这一群体的关注，学习他们热爱祖国的精神，学习他们忠诚事业的精神，学习他们不甘人后的精神，致力实现中华民族伟大复兴的"中国梦"。

　　周宝芬先生早年在广州、香港两地生活，新中国成立前夕执掌家族生意。新中国成立后，以"工商界人士"身份参与广州的经济建设、政治建设。尤其是改革开放后，他老当益壮，为我国广州对外开放、发展经济、紧密省港合作创造了多个第一，是共和国 70 年辉煌发展的亲历者和见证人。

　　20 世纪 40 年代末至 1966 年，周宝芬在广州大名鼎鼎。以 25 岁挂帅家族企业源昌肥皂厂，成为华南地区"枧王"（广府话"肥皂王"），加之帅气能干，在整个工商业界有无数的"粉丝"。新中国成立，31 岁的他，带领家族企业在广州第一批申请公私合营企业，成为全市公私合营企业中唯一的资方正职和党重点培养的"工商界人士"，有不少关怀关心他的党政领导。当他出任中华全国工商业联合会执行委员、广州市工商联副主任委员后，他的朋友圈从广州、香港一下子发展到了全国各地，因此，在他主持修建广州龙洞水库时，省、市领导及各界人士纷纷前来挥锄挖土，全国人大常委会副委员长郭沫若更是先后两次莅临，吟诗作对，鼓舞士气。

改革开放后，周宝芬担任了将近 20 年的全国政协委员和广州市政协副主席。由于长期在香港工作，加之新人辈出，他在广州的"曝光率"低了，知名度降了，但他在广州政协系统和广州政协香港委员中却"火"了。他埋头苦干却不事张扬，乐于助人却不图回报，才华横溢却谦恭有礼，豪爽侠义又不失温文儒雅，爱憎分明又不失宽厚包容，文质彬彬又不失诙谐幽默等性格、脾气和为人处世的方式，使他成了所有结识他的人心目中的"好好先生"。

透过周宝芬的人生经历，我们不难发现，他们那一辈出生并成长在乱世中国的工商界人士，都具有涵养深沉的家国情怀，他们爱家更爱国。正是他们爱国爱家的壮举，结束了中国半殖民地半封建社会的进程，成就了一个从站起来到富起来，再到如今踏上强起来的改革开放的中国。衷心希望这本传记能够引起广大读者对我国老一辈工商界人士，尤其是出自港澳台侨界的工商界人士的注意，饮水思源，挖掘他们的事迹，讲好他们的故事，弘扬他们的精神，唱响"爱国爱家"这一中国特色社会主义的主旋律。

本书得到钟楚莹和蔡小燕两位同学的帮忙，她们认真负责地整理录音，使得撰写工作可以有条不紊地进行；广州市政协机关黎健宇同志、梁荣发同志，为本书采访、收集相关资料提供了大量具体的帮助；单位及家人的理解和支持，也是本书能最终顺利完成的重要因素，在此一并致谢。

2019 年 6 月 18 日

后记

229

图书在版编目(CIP)数据

省港工商先驱：周宝芬传／王志雄，徐宏著.——
北京：中国文史出版社，2020.2
　（政协委员传记丛书）
　ISBN 978 - 7 - 5205 - 1458 - 3

　Ⅰ.①省… Ⅱ.①王… ②徐… Ⅲ.①周宝芬 - 传记
Ⅳ.①K825.38

中国版本图书馆 CIP 数据核字(2019)第 237092 号

责任编辑：牟国煜

出版发行：**中国文史出版社**

社　　址：北京市海淀区西八里庄 69 号院　邮编：100142
电　　话：010 - 81136606　81136602　81136603（发行部）
传　　真：010 - 81136655
印　　装：廊坊市海涛印刷有限公司
经　　销：全国新华书店
开　　本：720 × 1020　1/16
印　　张：15　　　　　字数：165 千字
版　　次：2020 年 2 月第 1 版
印　　次：2020 年 2 月第 1 次印刷
定　　价：66.00 元